「こんなママでごめんね」から卒業する本

心屋式・子育て専門カウンセラー
福田とも花

WAVE出版

はじめに

子育てで悩むママたちへ

「おめでとう!! 今日からあなたの子育て人生が、みるみる変わっていきますよ！」

私は、カウンセリングやセミナーを始めるときはいつも最初に、勇気をもって一歩を踏み出してくれたママたちに向かって、**「おめでとう！」**と声をかけます。それは、自分と向き合うことが怖くて仕方がなかったママたちにとって、自分と向き合い、自分を大切にするために行動を起こせた時点でもう、〝以前とは違う自分〟になっているからです。

こんにちは、心屋式心理カウンセラーの福田とも花です。子育てに悩むママたちに向けたカウンセリングやセミナーに携わったり、前職の看護師として精神科や小児科でお悩みを聞かせて頂き10年。多くのママたちにお会いして思うのは、悩みを誰にも言えず、一人で抱えてきた人のなんと多いことかということです。

みんな、日々目の前の子どもと向き合いながら、**「こんなはずじゃなかったのに……」**と、自分を責め続けているのです。だから子育てに悩みながら、勇気をもってこの本を手に取ってくださったあなたにも、言わせてください。

おめでとう！　私と一緒に、自分を許し、子どもも許せる、本当のあなたを見つけていきましょう！

私の「こんなママでごめんね」

実はカウンセラーである私も、心屋式心理学に出会うまでは、毎日が子育ての悩みの連続でした。それが始まったのは、第一子である長女が1歳を過ぎたころ。

生まれたばかりのときは、本当に可愛くて、目に入れても痛くないくらいだったのに、娘が言葉を少しずつ話すようになり、自我が芽生え始めたとたんに、どうしようもなくイライラを感じるようになったのです。そんな気持ちの変化に戸惑い始めたのは、ほかの誰でもない、母親である私自身です。

「こんな小さなわが子を相手に、私、なんでこんなに怒ってしまうんだろう？」

「私、一体どうしちゃったんだろう？」

そう思えば思うほど、自分はどこかおかしいのではないかと、怖くなったのです。

その後、子どもが成長するにつれ、自分の嫌っている部分やダメな部分ほど似てきてしまうわが子を見ては、

「そんなことをしちゃ、ダメって言ったでしょ！」

「なんでそんなこともできないのっ！」

と、どうしても抑えつけたり、コントロールしたくなってしまう。

そうすると子どもも、ビクビクしながらその状況をなんとか取り繕おうと、引きつった笑顔をつくって「ママ、大好き」と私の顔色をうかがうことに。それでまた、私も罪悪感をかき立てられて……。そんなことの繰り返しでした。


「子どもを可愛がってあげたい！」

「傷つけたくない！」

と誰よりも願っているのに、こんな毎日を繰り返してしまっている……。そんな子どもへの罪悪感の固まりのような日々が本当に苦しくて、眠れない夜もありました。

隣でスヤスヤ眠っている子どもは、罪のない天使のような可愛さなのに、どうしようもなくイライラしてしまう私がいて……。子どもの寝顔を見ながら、

「こんなママで、ごめんね」

「あなたのママが、私なんかでごめんね」

と、謝るのです。

子育ての悩みの本当の原因は？

そんな日々が続いたある日、私は、

「もう、ダメだ。このままではいけない。自分を変えなければ！」

と決意して、心屋式心理学を学び始めました。


そこでは、**子育ての悩みはダミー（ニセモノ）であり、原因はそもそも子どもの頃から握りしめている「自分責め」や「自己否定」の「心の癖」であること**を学びました。本書でも詳しく紹介しますが、子育てに悩んでいるママたちのほとんどは、私もかつては、

「子どもとの関係をどうにかしなければ！」

「そのためには、私の性格を直さなければ！」

というように改善したいと思えば思うほど、

「なんで変われないの？」

「どうしてまた怒っちゃうの？」

と、自分のダメなところ探しをするのが癖になっているのです。


でも私は、子育ての悩みの本当の原因が、自分の中にある**心の古傷**ということを初めて知り、ようやく長く真っ暗闇のトンネルの中に、一筋の光が射し込んだようでした！

「私が特別おかしかったんじゃないんだ！」

「性格の問題ではなかったんだ！」

「忍耐力がないわけでも、母性がないわけでもなかったんだ！」

と、心底安心でき、ずっと責め続けてきた自分を、少しずつ許せるようになったのです。

すると、私のクライアントさん達も口々に報告してくれますが、

「触れられるのも嫌だった子どもを、心から抱きしめられるようになりました！」

「イライラが減って、子どもと笑い合う時間がとても増えました！」

と、子どもとの時間が確実に変わっていくのです！

さあ、〝本当の自分〟に出会いに行こう！

私は、自分の経験や、看護師、カウンセラーとしてたくさんのママたちと接してきたことを通して、

「子育ては自分と向き合い、〝本当の自分＝お宝〟を見つけられる最高のチャンス！」

と思っています。

イライラや罪悪感など、たくさんの感情を刺激させられる子育て中だからこそ、ほかの誰かと比べたものではない、〝本当の自分〟というかけがえのない宝物が得られるのです。

現実に、イライラや罪悪感はとてもイヤなものだけれど、お宝を自分の中に見つけられるチャンスなのですから、それを逃す手はありませんよね⁉

私はカウンセリングやセミナーで、多くのママたちの表情がどんどん明るくなっていくのを見るたびに、魂が震えるほどの喜びを感じます。それは、

自分にはないと思っていた魅力や愛情が「あった！」

愛されていた証拠が「見つかった！」

という思いが、一人ひとりの顔に浮かんでくるからです。

子育てを通して自分と向き合っていくと、みんな幸せにしかならないのです。そう信じて、あなたもこの本で、自分のお宝探しを始めましょう！


この本では、「こんなママでごめんね」のタイプを七つに分けました。これらは、私のもとに寄せられる相談のうちの代表的なものばかりです。

「私、こういう傾向があるかも？」「こういうこと、ある、ある」と思えたら、そのタイプに自分を当てはめて、**ワークに参加しながら**読み進んでいってください。


そうすれば、この本を読み終えるころには、あなたもきっと、心の古傷が癒えて、

「このままの私でよかったんだ！」

「こんな私だからこそ、この子のママでよかった！」

と、子どもと笑い合っていることでしょう。

2019年4月

福田　とも花

「こんなママでごめんね」から卒業する本　目次

第2章

どうして「こんなママでごめんね」って思ってしまうんだろう？

——あなたの心の癖を知ろう……061

第3章

こんな私（娘）でごめんね
――お母さんとの関係を見直そう

第4章

子どものころの傷ついたあなたを解放しよう！

第5章

第6章

終章

とも花先生誌上カウンセリング

イラスト　北澤平祐
装幀　加藤愛子（オフィスキントン）
DTP　NOAH
編集　大石聡子

第1章

ママたちの
七つの「ごめんね」

他人の目が気になる型

世間の目を気にしすぎて、ごめんね

ママ友をつくらないといけない！

カウンセラーである私のところには、毎日のように、

「子どものためとは思っても、ママ友付き合いがイヤでイヤで仕方がないんです。どうしたらいいでしょうか？」

「毎日ママ友のことでイライラして、子どもに当たってしまうんです」

というママたちの相談がたくさん寄せられます。

私自身も、以前はママ友付き合いが大の苦手で、その気持ちが痛いほどよくわかります。

というのも、私は子どものときから人付き合いがすごく苦手だったからです。

現在の私を知る人に若いころの話をすると、

「今のとも花さんとは、全然違う〜！」

と驚かれるのですが、学校のクラスやクラブ、アルバイトでも、人の中になかなか入れなくて、毎日がつらい日々の連続。

「本当の自分を知られると、嫌われてしまう」

と思って、どうしても仲間に入っていけなかったのです。

それでも私には、学生時代に参加した介護施設や大学病院でのボランティアなどを通して、今の仕事にもつながる「人が健康になることをサポートする仕事につきたい！」という思いがありました。

私は心理学などを学んだ大学卒業後、看護学校で3年間学び直し、念願の看護師になりました。勤務先の病院で、患者さんに付き添ったり話を聞いたりする仕事は、私にとって本当にやり甲斐があって、楽しい仕事でした。

でも、そこでも私の前に立ちはだかったのは、女社会の人間関係でした。どうしても、その中に入っていけない自分がいたのです。

結局、看護学校時代に知り合った夫と結婚し、妊娠したことをきっかけに、私は病院をやめました。

そんな私が専業主婦になって、子育てをしていくのにまず最初にぶち当たった壁は、

「ママ友をつくらないといけない！」

ということでした。子育ての最中は、家にいると子どもと二人だけになってしまいますよね。だから子どものために意を決して、近所にある児童館に行ったのです。

でも、同じ年頃のママたちを見つけても、やっぱりその輪に入っていけない。ママ友がすぐにできて、仲よく楽しそうに連絡先を交換をしている人たちの中で、

「私だけ、アドレスを聞かれなかった……」

と、一人ポツンと思っていました。

私がママ友とうまくやれないせいで……

子どもが幼稚園ぐらいまでは、友だちと遊ぶには親の許可が必要ですよね。そこで私は勇気を振り絞って、自分からママ友を誘ったことがあります。

でも、普段あまり仲がよくないママ同士だと、子どもが遊んでいる間、お茶をしながらの会話も全然弾まなくて……。あれほどつらいことはありませんでした。

こちらから誘って断られたこともたびたび。そうなると、

「私がうまくやれないせいで、子どもがお友だちと遊べるチャンスを奪っている」

と思ってしまうんですよね。

そして、子どもに申し訳なくて、いたたまれなくて、今度は、

「あなたが直接、友だちを誘いなさいよっ！」

と幼い子どもに当たってしまう。そんな罪悪感とイライラの繰り返しでした。

あなたのためにイヤなこともガマンしているのよ！

そんな中、なんとかママ友仲間に入れてもらえたと思ったら、今度はメンバーの家を順番にまわって、子どもを遊ばせることに。

それがうちの番になると、私としてはママたちにいい顔をしたいので、

「ママ友が来るから、綺麗なお部屋にしなきゃ！」

「ママ友が来ちゃう！　来ちゃう！」

と、もう朝からいっぱいいっぱいの状態です。

けれどもそういうときに限って、子どもが部屋中にオモチャを散らかして遊んでいるのです……。そうなると、頭に血がカーッとのぼって、

「ママが朝から掃除して綺麗にしたのに、なんであなたは散らかすのっ！」

「あなた、掃除機、かけなさいよねっ！」

と、無理強いとわかっていながら、また幼い子どもに怒鳴ってしまう。つまり、

「あなたが友だちをつくれるように、こんなにガマンして頑張っているんだから！」

ということなんですよね。

ママが怒るものだから、子どもは部屋を一生懸命片づける。その姿を見て、また私が罪悪感をもつ……。本当に、本当に、悪循環なのです。

ほかのママの視線が気になる！

児童館やママ友たちの家で子どもを遊ばせていると、子ども同士、どうしてもオモチャ

の取り合いになることがありますよね。

そんなときは、ママたちの視線や陰で何か言われるのが気になって、自分の子は全然悪くないのに……と思いながらも、

「○○ちゃん、早くオモチャを返しなさい！」

「順番を守りなさい！」

と言ってしまいがち。そして子どもが、相手にオモチャを渡してあげたら、

「わあ、偉いね〜。いい子だね〜♡」

と言って褒める……。私も、以前はそんなことをしていました。


本当はそんなことをしたくないのに、もし自分の子の肩をもったら、ママ友たちに何を言われるかわからない。だからほかのママたちの機嫌をとるために、子どもに無理強いをしても仕方がない……。**そんな風に考える自分がイヤでイヤで、子どもに申し訳なくて、またイライラが募るのです。**

クライアントのママたちからもよく聞くのですが、子どもを幼稚園にバスで送り迎えす

るのにも、バス停でのママ友たちとの井戸端会議が苦痛で、バス停をわざわざずらして送り迎えしているママ。子どもを遊ばせるにも、ママ友の仲間に入るのがつらいから、近所のママ友がいないところまで車で子どもを連れていって遊ばせたり、幼稚園もわざわざ遠くに通わせたりしているママ……。ママ友付き合いをしんどく感じるママも多いのです。

わが子の評価に傷つくママ・怒るママ

「先日、幼稚園の先生にこんなことを言われたんです。ショックです！」

私のところに相談に来るママたちの中には、幼稚園や学校・塾・お稽古事の先生、ママ友、お姑さんなどからの、わが子に対する評価にものすごく傷ついている人がたくさんいます。それが自分への評価にも直結して、心の奥深くに突き刺さるんですね。

ママたちの一人は、幼稚園の面談で先生に、

「○○ちゃんは、友だちの言うことを全然聞かないみたいですね。おうちでは、注意されていないんですか？」

と言われて、ひどくショックを受けていました。彼女自身、子どもがほかの子と比べてちょっと気が強いと思っていただけに、

「私の育て方が悪いせいだ……」

と、すぐに自分を責めてしまったのですね。そして、家に帰ると、

「なんでそんなことをしちゃうのっ！」

と、子どもに八つ当たりしてしまったといいます。

「子どもはママの成績表」そう感じているママはとても多い。だからとくに子どもが小さいときは、穏やかで優しい子だと「ママが穏やかだからね」となるけれど、逆に自己主張が強くて自分の意見を通すような子だと、

「親が甘やかして、注意しないからだ」

「母親が働いているから、愛情が行き届いていないんだ」

なんて勝手に決めつけて噂されることになりかねないのです。

こうした評価に対するママの反応には、二つのタイプがあります。

一つめのタイプは、

「自分の育て方のせいで、子どもまで叱られてしまった」と思って、ひどく落ち込んでしまうママ。子どもと仲のよかった友だちのママがその評判を聞いて、子ども同士を引き離してしまうようなことにでもなれば、**「自分のせいで、この子の人生がダメになってしまう」**と、余計に思ってしまうのです。

二つめのタイプは、

「わが子を否定したヤツは、絶対に許さん！」と、先生やママ友などの評価にファイティングモードで挑んでいくママ。

わが子を否定する人が気になって、どこに行っても、どんな人とも闘ってしまうんですね。そのあとは、当然のことながら関係が悪化して、私のクライアントのママは結局、子どもの塾やお稽古をやめさせてしまいました。

どちらのタイプのママも、自分の〝心の癖〟を見つめてみると、もっと肩の力を抜いた子育てができるようになりますよ。

電車や公園で他人の目が気になる！

最近、若いママたちと話していると、

「子ども連れでお出かけするのが苦痛」

という声をよく耳にします。人から何か言われるのが怖くて、お出かけ中は、子どもに必要以上にうるさく注意してしまうというのです。


そんなママから話を聞いてみると――以前彼女は４歳の子どもを連れて家から10駅離れた実家に行こうと電車に乗り込み、少し混雑した車内に立っていたそうです。周囲に迷惑をかけないように子どもを静かにさせてはいたのですが、長い道中、どうしても車窓から見える景色に子どもが、

「ママ、あれ何？」

と、大きな声で興奮。

微笑ましく見守ってくれる人もいるんだけれど、中には明らかに迷惑顔をして、彼女を

にらみつけて「うるさい！」と言いながらチッと舌打ちをされたこともあるそう。彼女は電車に乗っている間ずっと、身を縮こまらせて、

「ダメよ！　静かにしなさいっ！」

と子どもを叱りつけていたそう。

それからというもの、彼女は何か言われるのではないかと更に他人の目が怖くなって、一人のときはなるべく子どもを連れて出かけなくなったといいます。

ここで注目したいのは、彼女の場合「自分がどうしたいのか」「自分はどう感じたのか」は一切無視して、**「他人にどう思われるか」で行動を決めている**ということ。

「周りの人に迷惑をかけないようにと自分なりに頑張っていた自分」や「舌打ちされて怖かった自分・悲しかった自分」も確かにいて……。全否定して責めてしまっていたのです。

このように、**「人に嫌われたくない」「怒られたくない」という他人の目線ばかりに振り回されているママ**は、たくさんいます。

けれどもそのままだと、まわりの反応にいちいち振り回されて、自分の言動を決めることになってしまいますよね。だからここでは、

「本当は、私はどうしたかったの？」「どう感じたの？」と、まずは自分の心に聞いてあげるのが一番なのです。

世間の目は親の目

〝世間の目〟とは、私たちにとっては〝親の目〟そのもの。小さいときから、お母さんやお父さんの生き方や考え方ばかりを見て育つのですから、当然のことですよね。

多くの人がそうだと思いますが、私も子育てをするようになってからはとくに、**「お母さんのようにしなければ」と自然に思っていました。**

母はどんなことがあっても子どもや父を優先させて自分は後回し。誰よりも早く起きて、家族のご飯やお弁当をつくり、掃除や洗濯などの家事をして、どんなに忙しい日でも、父の言うことには逆らわず、いつもすごく頑張って……。

でも逆に、**「あんなお母さんみたいにはなりたくない！」と思う部分もありました。**私が子どものときは、母がよその子を優先したように感じて悲しくなったり、私がうじうじ悩んでいると、「〇〇ちゃんみたいに明るくなりなさい！」と人と比べられたりしたこともあります。

実はこうした**子どものころに親を見て感じていたことが、今の私たちの子育ての悩みに大きく影響している**のです。

また、**親が思い描く〝いい子〟も、子どもの考え方の基本になってしまう**ことが多いですよね。親の価値観が子どもに連鎖する。つまり、

「明るい子は、いい子」
「友だちが多い子は、いい子」
「自己主張をしないでまわりに合わせる子は、いい子」

というようなことを言われて育つと、子どもはそれが正しいことだと思って、将来自分に子どもができたときにも、親と同じようにしてしまうのです。

また反対に、価値観を押しつけられて苦しい思いをした人は、反面教師にすることがあります。すると、

「暗い子だって、私はいい子って認めてあげるもん！」

「友達が少なくたって、いいって言ってあげるもん！」

「自己主張する子だって、私は認めてあげるもん！」

と、親より私は素晴らしいと思いたくて、無意識に子どもをわざわざ「暗い子」「友達の少ない子」でいてもらっていたりします。


つまり、親への反発から作り出した価値観に自ら縛られているんですね。「親の価値観通りでいなくてはいけない」と思うのも、「親の価値観通りでいてはいけない」と思うのも、どちらも心が偏った状態。「どっちもあっていいよね～」とフラットな状態になれると心がとっても自由なのです。窮屈な心を緩めるために、あとで出てくるレッスンを試してみてくださいね。

夫婦で子育てが
うまくできない型

こんなパパとママで、ごめんね

なんで私の気持ちに気づいてくれないの!?

子育てをするためには、旦那さんとのパートナーシップがとても大事。でも、

「一緒に子育てをしていきたいのに、夫に頼れない」
「夫に『手伝って』と言えない」

というママは、たくさんいますよね。

とくに専業主婦の方の場合は、旦那さんは外で働いて家族を養ってくれているのだから、〝子育てをするのは自分の役割〟と思い込んでいることが多いのです。

旦那さんの仕事がある日は仕方がない。でも休日については、

「外で働いてもらっているのに、悪いな。休ませてあげなくちゃ」

「私がきちんとやっていれば、頼まなくてもすむのにな」

と思いながらも、

「私だって、平日は一人で子どもを見ているんだから。休みの日ぐらい手伝ってよ！」

という気持ちも強い。でも、それが言えない。さらに、

「この言えない私の気持ちに、気づいてよ！」

と言いたいのに、やっぱり言えない。

だからそれを夫に察してもらおうと、お皿を洗うのにも、わざとガチャガチャ大きな音をたててみたり、家中バタバタとあっちに行ったりこっちに行ったりしながら忙しさをアピールしてみたり……。

それでも気づいてもらえないから、その思いがだんだんと溜まりに溜まって、

「なんで気づいてくれないのよっ！」

と、ドカンと爆発するんですね。

その怒りが旦那さんに行けばまだいいのですが、旦那さんに嫌われたくないから、それ

もできない。見捨てられるのが怖いから、旦那さんの前では〝いい妻〟の顔を見せて、その代わりに、子どもにイライラや怒りをぶつけてしまう**〝見捨てられ不安〟の人もいるのです**。旦那さんに甘えて、なんでも言えれば楽なのに、それができなくて、しんどくなってしまうんですね。

そんなママたちにとっては、旦那さんが家にいないほうがよかったりすることも。初めから期待しないでいられるから、楽なんですよね。

だから休日などは、一緒にいるのに「自分の気持ちをわかってもらえない！」というジレンマに陥って、かえって〝孤独〟を感じることになるのです。

旦那さんにはキレながらでしか頼めない

前の例からさらにガマンにガマンを重ねた結果、子育てに協力的でない旦那さんに怒りをぶつけているママもいます。

旦那さんに子育てを手伝ってもらいたいとき、

「外で働いてくれて、疲れているのだから手伝ってもらっては悪いなあ」

「私の頑張りが足りないせいで迷惑かけたら申し訳ない」

と、**無意識に自分を責めていたりします。すると、相手からも責められる気がしてしまい、それが怖くて先に攻撃したくなってしまう**んですね。だから、意を決して頼むときに、

「これ、やってよっ！」

「こっちも普段は一人で大変なんだから！　どうしてそれに気づかないわけ？」

「なんでわかってくれないのよっ!?」

と、キレながら言ってしまう……。素直にお願いができないんですよね。


「私、今大変だから、やってくれる？」

と普通に言えればいいのですが、**罪悪感があって気軽に頼めないから、**「手伝ってほしい」という気持ちを溜めるだけ溜めて、ボンッと爆発させて言うしかないのです。

「なんでやってくれないの？」「どうして？」

と、まるで旦那さんのせいのようにして、**「大変なことに気づかないあなたが悪い」という風にしか思いを吐き出せない。**それでは夫婦ゲンカになってしまいますよね。

短所
こだわり型

私のイヤなところが似てしまって、ごめんね

まるでイヤな自分を見ているよう

私の子どもが幼稚園に通っていたある日、友だちから仲間外れにされてしまったらしく、朝になって突然、

「幼稚園に行きたくない。休む！」

と言い出したことがあります。その日から、子どもはたびたび幼稚園を休むようになりました。


本来ならば親として、子どもを優しく受け止めてあげなければならないでしょう。でもそのときの私は、どうしてもそれができなかった……。

いじめられて、まわりの顔色をうかがってビクビクするような子どもの様子が、人の輪の中に入れない私自身を見ているようで、**まるでイヤな自分、嫌いな自分を責めるかのように、**

「なんでお友だちに言い返せないのっ!!」

と、怒鳴ってしまいました。

さらに追い打ちをかけていじめるように、

「なんで自分から仲間に入れないの！」

「どうしてあなたは、いつもそんなの！」

と怒ってしまう……。それができない**自分への怒りをどうすることもできないまま、子どもに転嫁してしまった**んですね。

私自身が嫌っている自分そのものに、子どもがなってしまう。それが怖くて、ムキになって、イライラする……。

当時は、こんなどうしようもない怒りでいっぱいでした。

この子の人格形成にはもう時間がない！

多くのママたちは、子どもには両親のいいところが似てほしいと願っているのではないでしょうか。私も子どもを産むときは、

「パパのように穏やかで優しい人になりますように！」

と願っていました。


それなのに、子どもは成長すればするほど、わがままで人の顔色をうかがうなど、自分のイヤなところほど似てきてしまうように見える。親としても、

「これからどう成長していくんだろう？」

「私のイヤなところが似てきちゃう！」

と思っているときに母親から、

「子どもは9歳までに脳ができあがるとも言われているから、それまでに愛情を十分にかけて育てないと」

というような話を聞かされると、そのたびに焦ってしまうのです。「三つ子の魂百まで」なんていう言葉もありますよね。

このままの私が育てていったら、この子はどうなっちゃうんだろう？
母親である私自身をなんとかしなければ、取り返しがつかないことになってしまう！

当時の私はそう思って、不安や恐怖、焦りを感じていました。

上の子
可愛くない型

上の子ばかりに厳しくして、ごめんね

なんで上の子ばかりに腹を立ててしまうの？

「どうしても、上の子ばかりを叱ってしまう」

というのも、ママたちにとっては大きな悩みです。

あなたも、上の子に向かって、毎日当たり前のように、

「あなたはお姉ちゃんなのに、どうして弟を可愛がれないの！」

「お兄ちゃんなんだから、もっとしっかりしなさい！」

という言葉を、投げかけていませんか？


ここで突然ですが、質問です。**あなたは上の子でしたか？　それともお姉ちゃんやお兄**

ちゃんのいる下の子でしたか？

――「上の子です」と答えたママ。あなたは小さいころから、下の子に手がかかるお母さんを助けようと、自分でできることはなんでもやって、

「お姉ちゃんなんだから！」

と、しっかりすることを親から期待されながら、わがままを言わないようにガマンして頑張ってきてはいませんでしたか？　子どもとしては、親に甘やかされている弟や妹を見て、「いいなあ。ズルいなあ」と感じながらも、〝いい子〟を演じてきたのかもしれませんね。

だから、いざ自分に子どもができると、ガマンが足りない上の子を見て、

「私は上の子として、あんなに頑張ってきたのに」

「あなたもお姉ちゃん（お兄ちゃん）として、もっとママの期待に応えなさいよ！」

と、ついつい思ってしまうんですね。そのことに薄々気づいているからこそ、子どもに「お姉ちゃんばっかり怒って、ごめんね」と罪悪感をもち、自分への怒りが出てきてしまうわけです。

――次に「下の子です」と答えたママ。お母さんやお父さんに怒られながらも頑張っている上の子を見ながら、自然に「お兄ちゃんお姉ちゃんは、しっかりしているべき」「私はお兄ちゃん、お姉ちゃんのように怒られないようにやらなければ」と思って育ってきたのではないでしょうか？　その点、下の子は〝上手〟なんですね。

だから**親になっても、「上の子はしっかりしているべき」というイメージのまま、**

「あなたはお姉ちゃんなんだから、しっかりしなさい！」

とすぐに怒ったり、**子どものときの妹という立場そのものの目線で、**

「お兄ちゃんなのに、なんで妹を可愛がってあげないの！」

と、つい求めたりしてしまいがち。

そしてそんな自分を振り返り、

「上の子ばかりにイライラするなんて、いけないことだ！」

と、罪悪感を抱いてしまうのです。

ただし、多くの人がそうであるように、罪悪感をもってしまう怒りの理由はもう少し複

雑で、例えば私の子どものころは、自分より年上で、

「あなたは、わがままねっ」

と言ってくる姉が怖かった。本当は母に対して、

「そんな姉から私を守ってほしかった」

という思いがあったのです。

その思いを自分の上の子どもに重ねて、

「あなたはお姉ちゃんなんだから、もっと下の子に優しくしなさい！」

と期待してしまうんですね。

そしてまた、そんな自分に罪悪感を抱いてしまうのです。

きょうだいゲンカはもういい加減にして！

子どもが夏休みなどの長い休みに入ると、ママの頭痛の種は、朝から毎日のように繰り返されるきょうだいゲンカ。あっちで仲よくしていたと思ったらすぐにギャアギャア、こっちで一緒に過ごしていたと思ったらまたピーピー。年柄年中ケンカをしている子どもたち

を見て、そのたびに、

「何度言ったらわかるのっ！　もうケンカはやめなさい！」

と怒鳴りまくる。

「どうしてこの子たちは、こんなにケンカばかりするのかしら？」

と、不安になっているママもいますよね。


私の子どもたちが小さかったころも、ご多分に漏れずケンカばかり。そうなると、どうしても上の子ばかりを叱ってしまう。

そんなある日、上の子がピアノを習い始めて、右手は弾き慣れてきたので、新しく左手も加えて練習するようになったときに言ったのです。

「左手に気を取られて、右手が全然見られない〜。なんか、赤ちゃんが生まれてお世話に忙しくて、上の子の面倒を見られなくなったみたい〜」

……グサッ！　そうなのです。言った本人にそんな意識はなかったでしょうが、それは、

「私はこの子のことをちゃんと見ていたのかしら？」

「この子ばかりに、期待に応えてくれるいい子を求めていなかったかしら？」

と、私自身に問いかけさせるつぶやきだったのです。

両成敗のはずのケンカでも、上の子に関しては、

「小さい子には優しくするべき」

「下の子に譲れないのは、思いやりがない子」

と、ついつい偏った見方をしていたことに気づかされました。

ケンカする子どもたちばかりを問題視していたけれど、もう一度自分を振り返ってみなければ……。そう思った瞬間でした。

思いどおりにしたい型

いつも見張ってばかりで、ごめんね

子どもをコントロールしちゃう私って、最低？

以前、セミナーの受講生のママと話をしていて、娘さんの好きな子のことで盛り上がりました。この話題、母親としてはやっぱり気になりますよね。

彼女の娘さんは小学校４年生。ママとしては、

「もうそろそろ好きな子とか、いてもいいんじゃない？」

と思っていたのですが、最近、娘さんがやっと、

「○○君が好きなの♡　パパには内緒ね」

と教えてくれたと言うのです。

彼女は「相手の男の子が期待外れな子だったらどうしよう⁉」と思いつつも、その名前

に「ああ、あの子ならＯＫね」と、即品定め。

「うんうん。○○君なら、いいね♡」

と答えたそうです。

そして、「あの子を選んだのなら、娘はなかなかのセンスね」と安心したのと同時に、もし自分の好みじゃない子だったら、

「この子はあんまりよくないかも～」

と、**娘さんをジワジワとコントロールしただろう**と言うのです。

娘さんは今はまだ小学生だからいいけれど、これから中学、高校と成長するにつれて、もっと激しくコントロールしてしまうかもしれない。彼女は、そんなことは**恥ずかしくて近所のママ友にも誰にも言えないし、**

「そう思ってしまう自分が、とてもイヤ！」

と言います。


確かにそうですよね。母親としては、その思いがすごくよくわかります。

それは子どものお友だち関係についても言えますよね。例えばその友だちのママがとて

も感じのいい人だったり、良家の子どもだったりすれば、

「あ、あの子ならいいわね。友だちになれば？」

と答えるけれど、あまり仲のよくないママや、評判のよくない家の子どもだと、

「あなた、その子と仲よくしているの？」

「やめなさいよ〜」

と、ついコントロールしたくなってしまうかも……。

テレビなどで親が子どもの結婚に反対しているようなシーンを見ると、

「ほんと、ひどい親よね！」

と言っているのに、いざ自分の子どものことになると、友だちや好きな子のことまでコントロールしようとするのです。

子どもにお受験させたいけれど

ほとんどのママたちは、子どもが生まれたときは「健康にさえ育ってくれれば十分だ」と、心から願った人も多いのではないでしょうか。

けれども子どもが成長していくうちに、

「社会人になって、きちんと生活できる人になってもらいたい」

「お金を稼げる、立派な人になってもらいたい」

と、幼稚園のときから**自分の思いどおりの**いい学校、いい大学、いい会社に進めるように塾に通わせたり、家庭教師をつけたりして頑張っているママをよく見かけます。


友だちとも遊ばず、家族との時間も削って、夜遅くまで塾や家で勉強する子どもたち。子どもも楽しんでいて、ママも「それでも大丈夫！」と思っているのなら問題はないけれど、本当は、

「ここまでやる必要あるのかしら？」

「つらそうだけれど、大丈夫かなあ？」

と不安になって、子どもに罪悪感をもったまま受験に向かわせているのだとしたら、一度立ち止まって、心と向き合ってみるといいかもしれませんね。


実はこういうママは結構たくさんいて、とくに子どもが女の子の場合は、**自分が子どものときに実現できなかった夢を託すことが多い**ようです。

「親がもう少し私の勉強に興味をもって、いい学校に行くチャンスをくれていたら、今ごろはもっと自分の好きなことができていたはずなのに」

「もっとキラキラ輝く人生があったはずなのに」

と思って、自分が親にやってもらえなかったことを子どもに託しているんですね。

とくに娘には、勉強だけでなく、女の子なので可愛い格好をさせて、教養を高め、スタイルをよくするために、ピアノやバレエなどのお稽古事にもどんどん通わせる。子どもには決して「これをしなさい」とは言わないし怒ることもない、表面上は何も問題のない〝いいママ〟なのですが、**「子どもは親の成績表」**の意識が出てくると大変。テストでもいい点がとれないと、

「とれるはずなのに、なんで？」

「なんで、これをやっておかなかったの？」

という態度になりがちです。

それは、あんなにやりたいと言って始めたお稽古事を子どもがサボりがちになるときも同じ。ママは**子どもに愛情を伝えようと頑張ってなんでもやってあげているのに、**その期

待に応えてくれない子どもを見ると、なんだか心がチクリとして、イライラしている自分がいたりするのです。

また、子どもの教育のことで不安になるママには、もう一つタイプがあります。

それは旦那さんから、

「お前がきちんと子育てをしていないから、こんな子になったんだ！」

と言われるのが怖くて、一生懸命子どもに勉強をさせているママ。

つまりこのタイプは、**「夫に嫌われたくない」「見捨てられたくない」という〝見捨てられ不安〟がある**から、頑張っていることが多いのです。

【夫婦で子育てがうまくできない型】のところでも述べましたが（32ページ）、このケースの場合も、旦那さんに甘えられなかったり、本音で話ができなかったりすることが、子どもに罪悪感をもつママの〝しんどさ〟の原因だったりするのです。

さてあなたは、自分の夢を託すママと見捨てられ不安のあるママ、どちらのタイプですか？

感情をコントロールできない型

怒りすぎるママで、ごめんね

「疲れているんだから！」と子どもに八つ当たり

ママたちはみんな、子どもに愛情をたくさん伝えようと、頑張っているんですよね。けれどもそれが行きすぎてしまうと、本末転倒になってしまうことがあります。

子どもの世話や家事などは一人で全部やるものだと決め込んで、**誰にも「助けて！」が言えないまま、自分のキャパを超えたところまで頑張ってしまう。**

そして、無理のしすぎで溜まりに溜まったイライラや怒りが、あるとき「ドカン！」と爆発して、近くにいる子どもに向けられる……。

ママ自身が、

「私が子どものころは、お母さんだって一人であんなに頑張っていたし」

「仕事をもっているあのママ友だって頑張っているんだから、専業主婦の私が頑張らないでどうするの？」

と、**他人と自分を比べながらガマンにガマンを重ねて、そのことでがんじがらめになっているからこそ**、その分、自分でも信じられないほどの大きな怒りとなって、外に出てしまうのです。

感情はあとから自然に湧いてくるものなので、抑えてもコントロールできなくなるんですね。そうなると、

「ママはあなたのためにやっているのよ！　それがどうしてわからないのっ!!」

「うるさいっ！　疲れているんだから、あっちに行きなさい！」

と、子どもに向かって暴言をはいたり、ときには物を投げつけたり、子どもを叩いたり蹴ったりしてしまうことだってあるのです。

　これらは、一見特別な行為のように見えて、実はこの世の中には、

「私がやっていることは、もしかしたら子どもに対する虐待なんじゃないかしら？」

と不安になっているママも、数えきれないほどたくさんいます。私のところにも、程度の差こそあれ、子どもを激しく責めたり、暴力を振るったりして、

「こんなにイライラしている私って、子どもを愛していないのかな……」

「こんな私、人間としてどうなの？」

と、自分が恐ろしくなって訪れるママが大勢います。

そうなる前に、近くにいる夫や母親、場合によってはプロに任せてもいいのです。

「なぜ私はその人たちに『助けて！』と言えないのか？」

「なぜそこまでガマンをしてしまうのか？」

ということを、もう一度見つめ直す必要がありますね。

おねしょが治らないのは私のせい？

私の知り合いに、小学校一年生と1歳の娘さんを抱えるママがいます。そのママが、「悩みを聞いてほしいの」と、先日私のところに切羽詰まった顔をして訪ねてきました。話を聞いてみると、

「上の子のおねしょが、なかなか治らないのよ」

と言うのです。

夜だけ毎晩のようにお漏らしをしてしまうので、下の娘さんと同じように紙オムツをはかせて寝かせているそうなのですが、小学一年生の上の子が小さなオムツをきつそうにはいている姿を見るたびに、

「ああ、私の育て方のせいで、こんなに可哀想なことになっている」

と、罪悪感にさいなまれているといいます。

たまに下の子がおねしょをしないことがあると、上の娘さんがぼそりと、

「いいなあ。私より先に、オムツが取れちゃうのかなあ」

と言うらしいのです。その言葉にまたママが反応して苦しくなる。そんなことの繰り返しです。

彼女は以前お世話になった助産師さんに相談したらしいのですが、「甘え足りないから、まだ赤ちゃんでいたいんじゃないの？」と言われてしまい、そうなるとまた、

「私が甘えさせてあげていないからだ。私の育て方が悪いからだ！」

と、ますます自分を責めることに。罪悪感があるだけに、イライラがエスカレートして、つ

いこの間、上の娘さんを、

「なんでおねしょしちゃうのっ！　いい加減にしてっ!!」

と叱り、お尻をひどく叩いてしまったといいます。


こうしたケースでは、ママが目の前の〝問題〟をどのように捉えるかで、子どもへの対応はまったく違ってきます。おねしょだったら、

「膀胱機能がちょっと弱いからだね〜。早く治るといいね〜♡」

と、子どもと明るく普通に接することができればいいのですが、

「私の育て方のせいだ。治らないのは私のせいだ！」

と思い込んでしまうママは、**子どもの症状を自分責めの材料にして、問題を余計に大きくしています。**なかには感情をコントロールできず、暴言・暴力に走るケースもあります。


ここでもやはり大切なのは、ママ自身の心の中にある、いらない罪悪感に気づくことですね。そうすれば、〝問題〟の捉え方も変わってきます。

子どもを
愛せない型

どうしても可愛がれなくて、ごめんね

子どもと二人きりになるのが苦痛

このタイプのママは、前項の【感情をコントロールできない型】でもあげた「子どもを怒りすぎちゃう私」「二人でいるとイライラする私」に、自分は絶対になってしまうと思って、**一緒にいないことを選択している**んですね。

現実の生活では、仕事をもっている人だったら、産休の期間を短くして、子どもを親や保育園に預けてでも職場に復帰します。仕事に逃げ場を求めているのですね。

でも、働けない人、働き先が見つからない人は、

「私が育てないほうがいいんじゃないか」

と思って、なかには離婚を考えるママも。自分が子どもを育てるより、旦那さんや旦那さんの両親に育ててもらったほうが、

「この子は普通に育つんじゃないか」

と思ってしまうのです。

それもかなわなければ、家で子どもに「ママ、遊んで！」とお願いされても、「ママ、寂しい」と言われても、

「今、忙しいから！」

と言って、家事に逃げたり、「重いから抱っこできない」と触れ合うことを避けたり、聞こえないフリをして無視をしたり……。

それほど思い詰め、ぎりぎりの状態になっている人が、実はたくさんいるのです。

無視するのは愛情があるから？

私のところに来る人には、育児放棄というほどひどいものではないけれど、その一歩手前の人が何人もいます。彼女たちは、できるだけ自分から子どもを遠ざけているのです。

しかし話をよく聞いてみると、「私がかかわることで、わが子をこれ以上傷つけたくない！」という思いから、心を麻痺させ、無視することで、子どもを守っているんですね。ほとんどのママが「無視するなんて、最低」と思って、子どもをかまってあげられなかったり、一緒にいてあげられなかったりすることは、「愛していないからだ」と決めつけてしまいがち。

でも**「怒りすぎて、これ以上自分の子どもに悲しい思いをさせたくない」という思いだって、理想どおりの愛し方ではないかもしれないけれど、そのママなりの愛情なのです。**そのことに気づいてもらいたい。そして、

「私にも子どもに対する愛情があったんだ！」

ということがわかれば、それまでは気づけなかった、自分の親の愛情にも気づけるようになるのです。

さあ、第２章からは、いよいよ実際に自分の中に隠された、〝愛あふれる自分〟〝愛される自分〟など〝本当の自分〟という「お宝探し」をしていきましょう！

第１章まとめ

「こんなママでごめんね」と、子どもへの罪悪感で悩んでいるママには、

「他人の目が気になる型」

「夫婦で子育てがうまくできない型」

「（子どもの）短所こだわり型」

「上の子可愛くない型」

「（子どもを）思いどおりにしたい型」

「感情をコントロールできない型」

「子どもを愛せない型」

の七つのタイプがある。

第2章

どうして「こんなママでごめんね」って思ってしまうんだろう?

——あなたの心の癖を知ろう

子どもができて初めて出会ったわたし

「自分の子は、可愛いに決まっている」

ママたちは「わが子は特別！」「目の中に入れても痛くないよ！」などと出産前に聞き、きっと、そう信じて子どもを産んだ人も多いのではないでしょうか？

でもそれなのに、実際に子どもが生まれて、そう感じられない自分がいると、

「あれ？　何かがおかしい」

と、戸惑うのです。この本でも、ここまで七つのタイプのママたちを見てきましたが、**みんな同じです。**

「自分の子どもが可愛く思えないなんて、そんなことあるの？」と驚くのです。実際は、子どもが可愛く思えないママなんて、数えきれないほどいるはずなのに、**みんなそれを言えないから、自分も言えない。**

だから一人きりで抱えて、余計に苦しくなってしまうんですね。

「ほかの子どもだったら可愛く思えるのに、自分の子はどうして可愛がれないの？」

子育てのプロである幼稚園や小学校の先生をしていたママだって、そう思って苦しんでいる人がいます。でも、その戸惑いはよくあることなのです。

子どもが生まれると、それまで見たことのない自分が出てきてしまう。

それは、〝子どもができて初めて出会ったあなた〟なのです。

あなたがおかしいわけじゃない

【子どもを愛せない型】のママのように、子どもと一緒にいられないケースもあります。また、私のところに来る人の中には、子どもの顔を見るだけで怒りが湧いたり、触れるのさえ気持ちが悪いと感じてしまったりする人もいます。自分の子どもなのにという、その葛藤は計り知れないものがあるでしょう。

でもだからこそ、「自分がおかしい」としか思えなくなる。ほかのタイプのママたちもみんな同じなのです。

「私、一体どうしちゃったんだろう？」

「子どもが生まれるまで、こんなにひどく怒ったことはないのに……」

と、**わけのわからない感情や激しい怒りに襲われて、不安で、自分が怖くて仕方なくなる**のですね。

でも、私は言いたいのです。

「あなたがおかしいわけじゃない！」

自分でも止められないほどのイライラや怒り、不安の原因は、ちゃんとあります。それさえわかれば、あなたの子育ては必ず変わります！

子どもはママを映し出す鏡なんだ

子どもを可愛がれない理由……それは、ママが自分を好きではないから。

子どもを愛せないのも、ママが自分を愛せていないから。

【短所こだわり型】のママに代表されるように、自分の中に嫌いなところがたくさんあると、自動的に子どもの中にもそれを探し出してしまい、子どもを可愛いと思えなくなるんですね。

それは、**子どもはあなたを映し出す鏡**だから。

自分の嫌いなところが子どもの中に見えると、

「なんで、そんなことをするの！」

「どうして、そんなことができないの！」

と、自分を責めるように子どもを責めてしまうんですね。

同じ子どもでも、パパが見たらまったく気にならないところでも、**ママは「ここはダメだ」というフィルターを通して見ているから、**そこだけを強く感じ取って、

「ああ、この子の悪いところを直していかなきゃ！」

と思ってしまうのです。

子育ての邪魔をするのは心の癖

人には誰にでも〝心の癖〟があります。

右利きの人は食事をするときに、目の前に箸を置かれれば、普段どおり何も考えずに右手がスッと出るでしょう。それと同じように心も、その人なりの〝癖〟をもっていて、自動的に反応するのです。

例えば、子どもが泣きやまないとき、

「ああ、○○ちゃんは、△△がイヤなんだね」「悲しいんだね」

と受け止められる人もいれば、

「泣きやめさせられない私が悪いんだ」

と感じて、自動的に自分を責めてしまう人もいる。

七つのタイプの子育てに悩むママたちが、子どもに罪悪感を抱いてしまうのは、この心の癖が原因なのです。つまり、

「私はこれではダメだ」

「こんな私は嫌いだ」

「こんな私は恥ずかしい」

という**自分を否定的に捉える心の癖があるから、子育てで悩んでいる**のです。

七つのタイプのママたちの心の癖

ここでは、子育てで悩む七つのタイプのママたちの心の癖について、簡単に説明していきましょう。「私の心の癖は、どれに当てはまるのかな？」と、自分に照らし合わせながら読んでください。


【他人の目が気になる型】

このタイプには、例えば**「相手の期待に応えなければ！」「ありのままの自分を出したら人に嫌われる」といった心の癖**があります。

ママ友や親、世間に合わせて「期待どおりに育てなきゃ」「嫌われないように育てなきゃ」と頑張っているのですね。

でもやっぱり、会う人みんなの期待には応えられないし、他人の目を気にして常にビクビクしているので、心身ともに疲れ果ててしまっている。他人に合わせてばかりなので、本当の自分がわからなくなってもいます。外ではいつも心を張りつめていて、家の中でしか心を解放できない状態なんですね。

だからそのイライラを、立場の弱い子どもにぶつけてしまう。

また、第1章でもあげたように、〝他人からの子どもへの評価〟に過剰に反応するあまり、闘わずにはいられないママもいます。例えば、子どもの習い事の先生から少しでも注意されると、「うちの子は悪くない！」「先生、ひどい！」と抗議をしては先生と険悪な関係になり、習い事を次々と変えるママがいます。

この場合は、ママ自身が子どものころ、誰かに注意されたり怒られたりして悲しい思いをしたときに、親に守ってもらえなかったという経験をしていることが多いですね。そんな自分を無意識にわが子と重ね合わせて、「どうせ誰も助けてくれない！」という心の〝古傷〟がうずいて、**「傷つけられないように」と、初めからファイティングモードになる心の癖**が生まれるのです。

【夫婦で子育てがうまくできない型】

このタイプの場合は、**「どうせ私は役に立たないし、価値がない」と思ってしまう心の癖**があることが多いですね。

とくに専業主婦のママは、「お金を稼いでいないのだから、せめて家事や子育てでは役に立たなければ！」「こんな私に、食べさせてもらっているだけでは申し訳ない」という引け目や罪悪感をもち、自分は外で働いてくれる旦那さんより立場が弱いと心のどこかで思っている。だから旦那さんと一緒に子育てをしたいと心の底では願いながらも、どうしてもそれが言えなくて、一人で頑張ってしまうのですね。

このタイプには、**自己否定の結果、「役に立てないと、いつか捨てられてしまうのではないか」と、旦那さんに〝見捨てられ不安〟を抱いてしまう心の癖**をもったママがいます。

【短所こだわり型】

このタイプのママは、**自分のイヤなところや「ダメだ」と思っているところほど、子どもの中に映し出されて見えてしまう**のです。例えば、ママが**「人の輪に入るのが苦手」「どうせ私は独りぼっちになる」という心の癖**をもっていると、「あの子は、学校で友だちとちゃんと遊んでいるかしら？」「学校から帰ってから、遊ぶ友だちはいるのかしら？」ということばかりが気になったりします。

そのため、子どもが帰ってくると、学校のことを根掘り葉掘り、まるで事情聴取のように聞いてしまう。そして、友だちと遊びの約束をしていないことを知ると、あれこれアドバイスをして、友だちをつくらせようとする……。

こうした行動の背景には、**「子どもには、私みたいに人付き合いの苦手な人になってほしくない！」「独りぼっちになって、私のように寂しい思いをさせたくない‼」という、ママ自身の〝恐れ〟があります。**自分の嫌いな部分だからこそ、子どものダメなところとして余計にクローズアップされてしまうのですね。

そしてそれが、「こんな私に似てしまったからだ！」という自分責めの材料になって、その怒りを子どもに向けてしまう――そんな心の癖をもっているのです。

【上の子可愛くない型】

このタイプのうち、自分が上の子だったママには、**「私はしっかりしなくてはいけない」「わがままを言ってはいけない」「どうせ私はガマンさせられる人」という心の癖**をもった人が多くいます。だからわが子に対しても、事あるごとに上の子に「私はあんなにガマンして頑張っていたのに、あなたはなんでガマンできないの？」と思ってしまうのですね。

そのため、いつも上の子ばかりにイライラをぶつけてしまう。子どものころに自分がガマンしていたことを目の前の子どもにされると、かつての自分と同じように厳しくしたくなるんですね。

一方、下の子だったママの場合は、**子どものころ「本当はあんなお兄ちゃん、お姉ちゃんがほしかった」という理想のお兄ちゃん・お姉ちゃん像を思い描いて、自分の上の子に当てはめようとする**ことがあります。

また、**強くて怖かったお兄ちゃんやお姉ちゃんから自分を守ってくれなかった親への満たされなかった思いがあると、それが心の癖になって、**「お母さん、怖いお兄ちゃんから私を守ってよ！」という心の叫びを、自分の子どもでかなえようとするのです。子どものころにお母さんにしてほしかったこと、つまり下の子をかばって上の子に厳しくすることを、今やっているのですね。

【思いどおりにしたい型】

ママがなぜ、子どもを思いどおりにしたくなるのかというと、〝ありのままの子ども〟を認められないからなんですね。自分の思いどおりにコントロールできないと、怖いのです。

そこにどんな心の癖が潜んでいるかというと、**ママ自身が「ありのままの、できない私は、どうせ人に受け入れられない」「私は自由にしてはいけない人」と思い込んでいたりします。**

例えば、子どもに宿題をきちんとさせないと気がすまないママの場合は、それをしないと「子どもが先生に嫌われてしまうのではないか」「宿題もやらせられないダメな母親と思われそうで怖い！」と、無意識に恐怖心をかき立てられていたりします。

そのため、「早くやりなさい！」「まだやっていないの!?」と、うるさく子どもを誘導しようとするんですね。**ママ自身が、ちゃんとできない自分や自由である自分、つまり〝ありのままの自分〟を許せないから、子どもも理想どおりの型に当てはめて、コントロール**

しようとするのです。

【感情をコントロールできない型】

感情をコントロールできないというと、ほとんどの人は〝怒りたくないのに、やめられない状態〟や〝瞬間湯沸かし器のように、激しい怒りが突然湧き出してしまう状態〟を思い浮かべるのではないでしょうか。だからこのタイプのママの中には、そんな状態にいる**自分を「感情をコントロールできない子どもっぽいヤツ」「ガマンが足りないヤツ」と思い込む心の癖をもっている**人が多く見られます。

でも実は、感情の〈仕組み〉はその考えとは逆で、**日頃ガマンしすぎているから、自分ではコントロールできないほどの感情が溢れ出てしまうのです。**

このあと82ページでも詳しく述べますが、感情には「悲しい」「寂しい」「怖い」などという一次感情と、その次に来る「怒り」の二次感情があるんですね。**このタイプは、普段から、その「悲しい」「寂しい」「怖い」といった一次感情を感じるのを抑える心の癖をもっている人に多いのです。**

人は子どものころから、悲しいときも親に「泣くんじゃない！」と言われたり、寂しくても「甘えるんじゃない！」と怒られ続けた経験があると、「私は悲しい、寂しいという感情を出してはいけない」と心にブレーキをかけるようになります。すると、その一次感情が心の中にどんどん溜まって、二次感情である「怒り」となって外に溢れ出してしまうんですね。

このタイプのママは「怒りたくないのに怒ってしまう自分」を責め、一次感情を感じることをさらにガマンして、二次感情を爆発させることを繰り返しているのです。

【子どもを愛せない型】

第1章でも例をあげましたが、「わが子なのに可愛いと思えない」「触れられると嫌悪感をもつ」「抱きしめられない」と訴えるママがいます。子どもをもつ母親としては、そんな自分に戸惑ってしまうのですね。

そしてそんな自分を、**「母性のないどうしようもない母親」「人としておかしい」「最低だ！」と、強く責めてしまう。自分を恐ろしい存在だと思うあまり、旦那さんにもママ友にも誰にもそれが言えず、ずっと一人きりで自分を責め続けているの**です。そんな心の癖の原因を知って、自分をちゃんと愛せるようになっていきましょう。

いい子でいようとしていたんだね

どうでしょうか？　子育てに悩むママたちの傾向を見てみると、共通点として**自分を否定する心の癖がある**ことが、よくわかりますよね。

では、その否定的な心の癖は、なぜついたのでしょうか？

人は誰もが心に二面性をもっていて、いい子の自分もいれば、悪い子の自分もいる。温かくて優しい自分もいれば、冷たくて怒りっぽい自分もいる。きちんとして真面目な自分もいれば、だらしなくていい加減な自分もいて、できる自分がいれば、できない自分もいる。人はいいも悪いも、どちらももっているのが普通なのです。

でも世の中の多くの人は、**優しくて真面目で、できる自分でないと、人から認められないと思い込んでいる**。だからみんな、自分のいい部分ばかりを伸ばそうとするのです。いい部分ばかりが褒められるし、**悪い部分が出ると嫌われるし怒られるので、悪い部分は捨**

てて、人から「いいね」と言われる部分だけを強化しようとするのです。

こうした〝心の偏り〟が、自分を否定的に見て、「これではダメだ」と思う心の癖をつくりだしているのです。

本当の自信をつける方法

あなたは自信をつけるには、

「何かができるようになる」

「資格を取る」

「いい人になる」

といったことで、自信はもてるものだと思っていませんか？　以前の私はそう思っていました。

そのころの私は、

「看護師の資格を取って手に職をつけ、もっといいお母さんになって、もっと痩せて……と、人から褒められるような何かができるようになれば、自信がもてるはず！」と考えていました。

けれど、それが手に入った瞬間は自信がついたような気がしていても、自分よりできる人が現れればすぐに「自分はダメだ！」と思って、ますます自信をなくして落ち込むということの繰り返しでした……。

でも心屋式の考え方を知り、〈ダメな自分〉〈嫌いな自分〉〈恥ずかしい自分〉〈マイナス感情を感じる自分〉を全部さらけ出して、それを認める練習を日々繰り返し、自分の二面性を認められるようになったことで、それは間違っていたことがわかりました。

自信をつけるのに、以前の私はまったく逆のことをしていたことに気づいたのです。

〝自信をつける〞ということは、《いい自分》《できる自分》になるのではなく、「〈ダメな自分〉も〈嫌いな自分〉も〈恥ずかしい自分〉も〈マイナス感情を感じる自分〉も全部いる自分で大丈夫」と思えることだったのですね。

私は、そのことで、

「できないことがあっても、ダメなことがあっても大丈夫！」

「今の私のまんまで大丈夫！」

と、自分を認められるようになってきたのです。


また、子どもを思いどおりにコントロールしたり、「できるようにさせなければ」と必死になったりしなくてもすむようになりました。**自分の〝そのまま〟を認められると、子どもの〝そのまま〟も認められるようになる**のです。

怒ってしまったときの対処法

さて、いよいよここからは、あなた自身が**「今の自分を認めて、子どもも認められるママになる！」ためのレッスン**を始めましょう。

ここでは、あなたがこれまで避けて見ないようにしてきた〈マイナスの感情〉を感じ取るレッスンをします。まずは、**あなたの怒りのもとである「子どもにどんなことを求めてきたのか？」**を振り返っていきましょう。

ノートやメモ用紙を用意して、ワークの質問に対する答えを、自由にいくつでも書き出してみてください。

★止められない怒りや不安を解消するレッスン１

【ワーク①】

あなたは子どものどんな行動にモヤモヤやイライラ、怒りを感じますか？（**【夫婦でうまく子育てできない型】**のママは、①から④のワークを子どもではなく旦那さんに当てはめて答えてみてください）

《例》人の顔色をうかがう。友だちに優しくできない。自己主張しすぎる。だらしない。お兄ちゃんお姉ちゃんなのに、しっかりしていない。きょうだいゲンカばかりしている。いつまでも宿題をしない。自分の子なのに一緒にいるだけでイライラさせられる。そばに寄っ

てくるだけで鳥肌が立つ。子どもの顔を見ると「どうせ私よりパパのほうが好きなんでしょ！」と思ってしまう……など

【ワーク②】

怒ったり、責めたり、気をつかったりしてあげないと、子どもがどんな人になってしまいそうで怖いですか？

《例》自分の言いたいことが言えない人。意志が弱い人。すぐに傷ついてしまう人。頑張れない人。自分勝手な人。人に優しくない人。だらしない人。きょうだいを大事にできない人。何もできないダメな人。親の期待に応えられない人……など

【ワーク③】

ワーク②のような人にならないためには、子どもはどうするべきだと思いますか？

《例》人前でオドオドしない。意志を強くもつ。どんなことにも頑張る。お友だちといる

ときは自己主張しないでまわりに合わせる。人に優しくする。いつもきちんとする。弟・妹を可愛がる。親の期待に応える……など

どうでしたか？　どんな答えが出てきたでしょうか？

①から③までのワークでは、あなたが日頃、自分をどんな人だと思っているのか（セルフイメージ）や、どのような信念や価値観（マイルール）をもって子どもに怒りを感じてきたかが、きっと見えてきたと思います。

実はそこに現れたのは、子どもという〝鏡〟に映し出されたあなた自身でもあります。ワーク①であげた答えは、ママ自身の中にある自分の嫌っている部分なのですね。それを見たくないから、子どもに映ったイヤなところもなくしてしまいたくなる。また、**ワーク②で答えた「こんな人になってしまいそう」の「こんな人」もまた、紛れもないあなた自身。**つまり、**ワーク①②**で出た答えは、あなた自身のセルフイメージ――あなたが思い込んでいる自分なのです。

子どもにはそんな自分みたいな〝ダメな人〟にはなってほしくない。だから、**ワーク③**

のルールをつくって、必死に怒ったり、子どもを見張って口出ししたりすることまでして、思いどおりの人に育てようとしているわけです。

それを意識して、もう一度、書き出したワークの答えを見てみましょう。**あなたの中にあるセルフイメージやマイルールが見えてくる**と思いますよ。

怒りの感情はお宝探しのキーワード！

次に、子どもが言うことを聞いてくれないとき、自分がどのような〈怒りの感情〉をもつのかを見つめてみましょう。

ここで大事なのは、私たちが日頃抱いている感情の〈仕組み〉です。

前にも少し述べましたが、感情には種類があって**「寂しい」「悲しい」「怖い」などは一次感情**、**「怒り」は二次感情**と言われています。

その仕組みを、心をコップにたとえてわかりやすく説明すると――コップに一次感情がたくさん入っているのに、それをちゃんと感じてあげずに無視したり抑え込んだりしていると、知らず知らずのうちにコップの中の感情はいっぱいになり、あるとき二次感情である「怒り」となって激しい勢いで溢れ出してしまうのです。

一次感情は、ちゃんと感じてあげないと、場所を替え人を替えながら、あなたが気づくまでいつまでも同じような出来事を繰り返して出てくる機会をうかがっています。だから、**どんなに小さな「寂しい」「悲しい」「怖い」でも、自分で気づいて感じてあげることが大切**なのです。

それでは、実際に次の**ワーク④**で、あなたのイライラや怒りのもととなる一次感情を見つけ、それを声に出して言ってみましょう。

★止められない怒りや不安を解消するレッスン２

【ワーク④】

子どもがワーク③のルールを守ってくれなかったら、あなたはどのように感じますか？

（【夫婦でうまく子育てできない型】は旦那さんについて答えてください）

《例》・期待に応えてもらえないと、大切にされていない気がして、寂しい
・私の言うことを聞いてくれないと、ないがしろにされた気がして、悲しい
・失敗してしまうと、助けてあげられなかった役立たずの自分を感じてしまいそうで怖い……など

「寂しい」「悲しい」はウ○コと同じ

いかがでしたか？　**ワーク④**で、あなたがこれまで気づいていなかった〈マイナスの感情〉を、感じ取れたでしょうか。


ここでちょっと思い出してみてください。ママだったら誰もが経験済みだと思いますが、子どもが生まれたばかりの赤ちゃんのときは、ウ○コが出ただけで、

「よく出したねえ。偉いね～♡」

と、笑顔で喜んでいたのではないでしょうか。

〈マイナスの感情〉が湧くのもそれと同じ自然現象。ウ◯コを出さなければ便秘になって**体調が悪くなるように、〈マイナスの感情〉も溜めたまま出さなければ、調子が悪くなるのも当然なのです。**

だからあなたも、

「悲しかったね〜」

「寂しかったね〜」

「怒りたくなるぐらい、イヤだったよね〜」

と、**イヤだと思っていたどんな感情についても、「感じても、いいんだよ♪」と、まずは自分を許してあげてほしい**のです。

それができるようになれば、

「あ、これは出していいんだ♡」

「これって、出すものなんだ〜♡」

と思えて、どんな自分も許せるようになり、それこそスッキリします。

そして**それを続けていくことで、〝自己肯定〟ができるようになっていきます**よ。

心の癖が子育てのイライラを生み出している

ワーク④で出た感情が湧くパターンは、あなたの心の癖です。

例えば「期待に応えてもらえないと、大切にされていない気がして、寂しい」と答えた人は、そもそも「私は大切にされない人」というセルフイメージを信じている心の癖があるのですね。セルフイメージは言わば「サングラス」のようなもの。「どうせ私はこんな人」というサングラスを通して見るから、

「ほら、やっぱりこの子は私を大切に思っていないんだ！」

「ほら、やっぱりこの人も！」

と、何を見ても何を聞いても〝大切にされない自分〟しか見えないのです。

そして、そんな自分を誰よりも恥じたり嫌ったりしているので、寂しく感じた気持ちさえ隠そうとするうちに、そうした感情が心のコップに溜まって溢れ出し、イライラや怒りとなって子どもにぶつけていたのですね。

「こんなママでごめんね」と思う心の癖はいつ生まれたの？

では私たちは、その心の癖をいつからもつようになったのでしょうか？

ワーク④で、例えば、

「私のことを大切にしてくれていない気がして、悲しい」

と答えた人は、

「私は、いつから〝大切にしてもらえない人〟と思い始めたんだろう？」

と、**小学校低学年くらいまでの幼少期を振り返ってみましょう。**


すると、お母さんに大切にしてほしかったのに、してもらえなくて悲しかった、寂しかったことなどが思い出されて、**今の悲しさはそのときのものと同じ**だということに気づくことがあります。

つまり、**子どものころを振り返ってみれば、自分の〈マイナスの感情〉を引き起こすパターンや、心の癖の大元である自分のお母さんとの関係を見直すことができる**のです。

では、そのお母さんとの関係は、私たちの心の癖とどのようにつながっているのでしょうか？　第3章では、そのことについてお話ししましょう。

第2章まとめ

・子どもはママ自身のセルフイメージを映し出す鏡。
・子育てに悩むママたちには、自分を否定的に捉える心の癖がある。
・自分の悪いところを見ずに、人から「いいね」と言われるところを強化しようとする心の偏りが、否定的な心の癖を生み出している。
・子育て中のイライラや怒りは、心に溜め込まれた「寂しい」「悲しい」などの一次感情が「怒り」の二次感情となって激しい勢いで溢れ出したもの。
・自分の心の癖を知って、これまで抑え込んできたマイナスの感情を感じてあげよう。

第3章

こんな私（娘）でごめんね

——お母さんとの関係を見直そう

なぜ「こんな私でごめんね」と思い始めたの？

子どもにとってお母さんは、とても大きな存在。お母さんが笑顔でいてくれるだけで幸せで、どんなときでも喜んでもらえる存在でいたいのです。

いつもお母さんの様子を無意識にうかがって、

「お母さんは笑顔でいるかな？」「幸せそうかなあ？」

と気にしている。

だからその思いとは逆に、お母さんが苦しんだり悲しんでいたりすると、子どもはそれを全部自分に結びつけて、「私が悪いんだ」と思ってしまうことがあるのです。

例えばあなたが子どもで、幼稚園から帰宅して、

「ねえねえ、お母さん！　あのね、幼稚園でこんなことがあったの！」

と、お母さんに嬉しそうに話しかけたとします。でもそのとき、お母さんがたまたま不機

嫌だったり疲れていたりして、「今、忙しいから！」と言って話を聞いてくれなかったらどうでしょう？

　まだ幼いあなたは、

「私、何か悪いこと言ってしまったのかな？」

「話を聞いてもらえない私は、お母さんにとって迷惑な存在なのかな？」

「お母さんは私のことが嫌いだから、話を聞いてくれないのかな？」

と、子どもなりの頭で精一杯考えて、期待どおりにいかなかった現実をなんとか自分に納得させようとするのです。

　そして、そんな扱いをされた自分のことを、

「不機嫌にさせちゃうダメな私……」「大切にされる価値がないんだ……」

と落ち込み、責めるようになることも。また、

「このままの私だと、お母さんにもっと嫌われちゃう！」

「見放されちゃうかもしれない！」

と、無意識に恐怖心を抱いてしまうようなこともあるんですね。

その結果、

「お母さんが大切にしてくれないのは、私が悪い子だからだ」

「こんな私でごめんね」

と、罪悪感をもってしまう……。

それが心の古傷となって残ったまま、自分に子どもができたときに、今度は「こんなママでごめんね」と思う心の癖がそのまま出てきてしまうのです。

イライラも不安もあなたのせいじゃない

前項でわかったように、お母さんとの関係でできたこうした古傷は、誰にでもあるものです。

子育てで悩んでいる人の多くは、

「今のこの私をなんとかしなければ！」

「私の性格を直さなければ！」

と思いながら、どうすることもできなくて、さらに悩みを深くしているのですが、本当はそうではなかったのですね。

私の場合、子育てがうまくいかないのは、自分の性格のせいではないことがわかって、とてもホッとしたことを覚えています。

「なんだあ、心の古傷のせいだったんだあ！」

原因不明でどうすることもできなかった問題に、原因がわかったことで、解決への明るい光がパアっと差し込んだのです！

ただし、小さいころに負ってしまった心の古傷がずっと癒えないままだと、自分が接する人を替えても、いる場所を替えても、その傷を刺激するような出来事が繰り返し起こってくるのです。そうやって、その心の古傷の存在をあなたに気づかせてくれているんですね。

だから**子どものころを振り返って、自分の母親との関係を見つめてみれば、その心の古傷を癒やすお宝がたくさん発見できる**のです。

「こんな私」を許してあげよう

第2章の子育てに悩む七つのタイプのママたちの心の癖（67ページ）をもう一度読み返してもらえればわかると思いますが、自分を否定的に捉える心の癖は、子どものころの古傷が原因でできたものがほとんどです。

ここでは実際にあなた自身が、子どものころ、お母さんとの関係をどのように感じていたのかを振り返ってみましょう。

幼いころのあなたに戻ったつもりで、質問の答えを書き出し、それを声に出して言ってみてください。

★自分も子どもも許すレッスン

【ワーク⑤】

あなたが子どものころ、お母さんにされたり、してもらえなかったりしてイヤだったこと、寂しかったこと、悲しかったこと、怖かったことはなんですか？

《例》

・自分の話ばかりで、私の話を聞いてくれないのが悲しかった
・明るい性格の友だちと比べられるのがイヤだった
・私のことを怒るお父さんから守ってくれないのが寂しかった
・弟ばかりを可愛がって、私を大切にしてくれないのが寂しかった
・いつも疲れていて八つ当たりされるのがイヤだった
・「こうしなさい」と命令ばかりで、私を信頼してくれないのがイヤだった
・悩みを話すと「暗い」と言って怒られるのがイヤだった
・お父さんとお母さんがケンカをしているのが怖かった……など

【ワーク⑥】

そのときあなたは、本当はお母さんに何をしてもらいたかったのですか？

《例》

・本当は私のためにガマンしてほしくなかった
・私の話を最後まで真剣に聞いてほしかった
・他人と比べないで、そのままの私を認めてほしかった
・私のことをお父さんやお姉ちゃん、お兄ちゃんから守ってほしかった
・弟や妹のように、かまってほしかった
・もっと私に関心をもってほしかった
・干渉せずに、もっと私のことを信頼してほしかった
・いつも優しいお母さんでいてほしかった
・私のことをもっと褒めてほしかった……など

【ワーク⑦】

幼いあなたは、ワーク⑥のようにしてもらえなくて、お母さんにどんな扱いをされたように感じて、イヤだったり、寂しかったり、悲しかったりしたのでしょうか？

《例》

・お母さんにとって、大事な子ではない気がして、イヤだった
・私には全然関心がないように思えて、イヤだった
・「あなたは、しっかりしているから」と放っておかれ、〝かまう価値もない子〟と思われている気がして、寂しかった
・私のことをまったく信頼してくれていないように思えて、寂しかった
・嫌われているように感じて、悲しかった
・ダメな子だと思われている気がして、悲しかった……など

【ワーク⑧】

ワーク⑦のように訴えている子どものあなたは、どんな表情をしていますか？　子どもの自分をイメージしながら、ワーク⑦に書き出した言葉に「よね」「んだね」を付けて、口に出して言ってみてください。許す練習をしていきましょう。

《例》

・お母さんにとって、大事な子ではない気がしてイヤだったんだね。
・全然関心がないように思えて、イヤだったよね。

・「あなたは、しっかりしているから」と放っておかれ、〝かまう価値もない子〟と思われている気がして、寂しかったんだね。
・私のことをまったく信頼してくれていないように思えて、寂しかったよね。
・嫌われているように感じて、悲しかったんだね。
・ダメな子だと思われている気がして、悲しかったよね……など

子どものころの自分を許してみよう

どうでしたか？　今まで心の奥に隠れて見えなかった、あなたの子どものころの感情が、よみがえってきたのではないでしょうか。

このワークで大事なのは、**小さかったあなたが抱いていた「寂しさ」「悲しさ」などの感情をきちんと感じてあげること。そんな感情を抱えていた自分に気づいて、感じる自分を許してあげましょう。**

頭で考えているだけでは出てこなかったけれど、実際に口に出して言ってみると、心が自然に反応して、

「私、なんでこんなに涙が出てくるんだろう？」

と思える言葉に出合えることがあります。

そういう気づきのためにも、〝心のふるい〟をかけるのです。口に出して言って、心に響いた言葉は何度でも言ってみて、その感情をじっくりと感じてみましょう。

そうすると、小さいころの自分の気持ちを自分がわかってあげられるようになるので、心がホッとするのがわかると思います。私たちは大好きなお母さんに対して「イヤだった」なんて感情を感じてはいけない！　とか、忙しく頑張ってくれていたお母さんに「寂しかった」なんて求めてはいけない！　と無意識に感じています。

そして、それらのマイナスと思われる感情が沸いた自分を責めたり、嫌ったりしていることがあります。84ページの「マイナスの感情はウ〇コと同じ」でもお伝えしましたが、どんな感情を感じる自分も、自分で認め、許してあげることが大切なのです。どんな自分も許すことで、どんな感情を感じる子どもも許すことが出来るのです。

ヨガでは、「感情は筋肉の中に記憶されている」と言われているという話を聞いたことがあります。確かに私たちは「悲しい」「怖い」と感じたときに、体がキュッと反応しますよね。

幼かった私たちには、そのとき感じた気持ちは一体なんだったのか、「寂しい」「悲しい」という具体的な言葉を使って言語化するのが難しかったんですね。

でも、その**感覚を体がちゃんと覚えていて、今、大人になって実際にその言葉を口に出して言うことで、体が反応して、閉じ込めていた感情を外に出すこと自体が、自分も認めて許してあげることになるのです。**

あなたが自分を責めていた理由

私たちは日頃、「親には感謝しなければならない」「家族なのだから、悪く思ってはいけない」「〈マイナスの感情〉なんて、感じてはいけない」と思っています。

カウンセリングやセミナーに来てくれるママたちの話を聞いていると、

「お母さんにあんなことをされた！」

「お母さんのこういうところがイヤだった！」

と言っていても、私が、

「お母さんがイヤだったんですね」

と返すと、みんなが、

「いえ！　仲はよかったんです」

「あんなことも、こんなこともしてくれたし、感謝はしているんです」

と、あわてて弁解を始めたりします。

それくらい私たちは、親を「イヤだ」と思ってしまうことに罪悪感を抱いているんですよね。


その罪悪感は、子どものころのあなたがお父さんやお母さんが大好きで大切だったからこそ感じたもの。けれども、そうした親に対する罪悪感をもち続けていると、親のことが

「イヤだ」と思ったり「寂しい」と感じるたびに、

「親をイヤだと思ってしまうなんて、なんて私は冷たい子なの！」

「寂しいからもっとかまってほしいと思うなんて、私ってワガママ！」

と、自分を責めることになってしまうのです。


あなたが自分を責めるようになったのは、お父さんやお母さんのことが大好きすぎて、大切すぎたからなのかもしれませんね。

子育ては自分責めの癖を手放すチャンス！

あなたは小さな子どもである自分を悪者にして責めてまで、親を悪く思いたくなかったり、ガッカリさせて嫌われるのが怖かったりしたのかもしれませんね。

しかし、大人になってもそうしてできあがった「こんな私でごめんなさい」という自分責めの癖をもったまま、子どもに対して「こんなママでごめんなさい」と思い悩み苦しんでいるのなら、今こそがそうした古傷を癒やせるチャンスなんですね。

目の前の子どもに、かつてのあなたを嫌でも重ね合わせられる〝子育て〟という時期だからこそ、小さいころのあなたを許し、自分責めの癖を手放していきやすいのです。

今まで「そんなことは、思ってはいけない！」「口に出してはいけない！」と思っていたことをやるのは、とても怖いことかもしれません。でも、これまでやったことのないことにこそ、解決の糸口はあるのです。

今まで信じてきたことをその通りにしていたら、今までのまま。今までとは違うことをやってみることで、これまでとは違う結果が得られるはずです。

子どものあなたが、

「お母さんに、こうしてもらえなかったから、悲しかった」

「あれをしてくれなかったから、イヤだった」

と思っていたのなら、**まずは一人のときに、それを口に出して自分に言わせてあげてください。**

小さかった自分が感じていたことに、大人の自分が、

「そう感じてもいいよね」

「イヤだったよね」

「悲しかったよね」

と寄り添うことで、自分自身を許すことができるようになります。


あなた自身を許せれば、「こんな私でごめんなさい」と自分を責める必要もなくなり、子どもといるときも「こんなママでごめんね」と思うための証拠集めのような毎日から、抜け出せるようになります。

あなたもぜひ、心の古傷がうずくたびに、小さいころの自分と向き合うことを習慣にしていきましょう。

第３章まとめ

・「こんなママでごめんね」と自分を責めるのは、子どものころ、お母さんに対して「こんな私でごめんね」と思っていた心の古傷が残っているから。

・小さいころのお母さんとの関係を振り返り、そのとき感じた気持ちを何度も口に出して言ってみよう。

・子どものころの感情に寄り添えば、心が癒やされ、自分自身を許せるようになる。

・古傷がうずくたびに、自分と向き合うことを習慣にしていこう。

第4章

子どものころの
傷ついたあなたを
解放しよう!

ママが変わると子どもも変わる！

私のところに訪れるママたちの中には、悩みの根本原因の多くが自分の母親につながっていることがわかると、

「今、ママとして子育てをしている私も、責任重大なのではないでしょうか？」

と、怖くなってしまう人もいます。

幼少期の母親との関係で、子どもに傷が残っているのなら、自分の子どもにはどうしたらいいのかと、不安になるのですね。

でも、大丈夫！

私自身も、経験済みなので言えるのですが、ママが心の古傷を癒やし、「どんな自分でも大丈夫！」と思えるようになっていけば、子どもも変わっていくのです。

世の中には、子どもについての「三歳神話」のようなものがたくさんあるけれど、子ど

もだっていつからでも変われます。

そのためにも、まずはママであるあなたが、自分と向き合っていきましょう！

イライラの気持ちを伝えるIメッセージ

自分の心の古傷と向き合ったら、今度は子どもや旦那さんに向かって、これまで言えなかった自分の本音を言う練習をしてみましょう。

少し遡りますが、第２章の**ワーク④**（83ページ）で出た答えを、**自分の子ども（【夫婦でうまく子育てできない型】の人は旦那さん）に向かって、I（アイ）メッセージ（「私はこんな気持ちです」というメッセージ）を声に出して言ってみてください。**

Iメッセージのコツは、

「①相手の言動、②①によって自分はどんな扱いを受けたと思ったのか、③そのときの気持ちはどうだったのか、④相手にどうしてほしいのか（お願い）」

の順に、自分の気持ちを伝えることです。

《例1》子どもがオモチャをなかなか片づけないとき

「①あなたがオモチャをちっとも片づけてくれないと、②ママは大切にされていない気がして、③悲しいな。④だから自分で片づけてほしいな」

《例2》子どもが言うことを聞かないとき

「①あなたが言うことを聞いてくれないと、②ママはどうでもいいように扱われている気がして、③寂しいな。④だから言うことをちゃんと聞いてほしいな」

《例3》旦那さんに家事を手伝ってもらいたいとき

ここで注意したいのは、「〜してくれないと、悲しい」という言い方は決してしないことです。それは、例えば、

「①私がご飯の用意で大変なときに、あなたが○○ちゃんを**見ていてくれないと、②私のことを気にかけてくれていないように感じて、③悲しいな。**④だから見ていてくれる?」と言うと、「私を悲しませるあなた」と指摘することになって、相手を暗に責めてしまうことになるからです。だからこの場合は、

「①私がご飯の用意で大変なときに、あなたが○○ちゃんを**見ていてくれると、②私のことを気にかけてくれているんだと思って、③すごく嬉しくなるの。**④だから見ていてくれ

る？」

と、「あなたが〜してくれると嬉しい」というプラスの表現にするといいですよね。


Ｉメッセージとは〝恥ずかしい自分の被害妄想の告白〟。

相手の言動を受けて、

「私はこの人に、〝こんなヤツだから〟という扱いを受けた」

「私はあの人にも、〝そういうヤツだ〟と言われた」

と、**自分で勝手に妄想してしまったことを、その当事者である相手に告白すること**なんですね。つまり、本音の告白。本音は、責めるようにぶつけるものではなく、手のひらにのせて、相手にそっと差し出すように見せるものなのです。


Ｉメッセージで伝えようとしても、初めのうちは〝自分の本音〟はなんなのか、見つけるのが難しいこともあるかもしれません。でも繰り返し練習していくことで、自分のことを「こんなヤツ」と勝手に思い込んでいることや、普段怒りでごまかしていた、自分の感情の奥深くにある「私は、本当は寂しかったんだ」という気持ちに気づけるようになります。そうしているうちに、自分の気持ちが相手に伝わる確率も高くなっていくでしょう。

たとえ気持ちが伝わらず、相手が自分の要求に応えてくれなかったとしても、あなた自身が「自分の気持ち」をわかるようになるので、怒りも自然に収まるようになります。今までイライラや怒りを爆発させてきた場面で、少しずつＩメッセージの練習をしていきましょう。

小さいころの私の思いを伝えてみたら

これはとても難しい手法なので、カウンセリングで専門家に伴走してもらいながらやることをおススメしますが、私の場合は、**Ｉメッセージを使って**小さいころの思いを両親に伝えました。

最初は、心の古傷の根本原因は父にあると思っていたので、Ｉメッセージで、

「私ね、子どものころ、お父さんに怒られるのが怖かったの」

「怒られると、大切にされていないような気がして、悲しかったんだ」と、父に**さりげなく、昔を懐かしむように**言ってみました。それまで「怖かった」とは決して言えなかったのですが、思いきって言ってみたのです。

　すると父は、

「そうだったんだ。そんな思いをさせて、申し訳なかったね」

「大切じゃないなんてこと、まったくないからね」

と言ってくれて。それで私も、

「ああ、お父さんとはもう大丈夫なんだ」

「怖くても、怖いって言って、いいんだ」

と思いました。そうしたら、父に対する怖さがまったくなくなって、すごく楽な関係になったのです。

　でもそれだけでは、私の中のモヤモヤはスッキリせず、やはり母に伝える必要があると思いました。

子どものころから言えなかった妄想の告白

私は、カウンセラー養成講座でIメッセージの伝え方を練習して、自分の母親と向き合おうということになったとき、

「これで何かが変わるのなら、やってみよう！」

と思い、その日のうちに駅から実家に電話して、泣きながら母に告白しました。

そのときの話の切り出しは、

「今さらなんだけどね」

でした。もう10年以上も前の話です。

母は子どものころからずっと優しかったので、私は、

「優しく愛情をかけて育ててもらったのに、なんでこんな私になってしまったんだろう？なんで母のように優しいお母さんになれないんだろう？」

と自分を責めて、苦しかったんですね。

でも自分の幼少期を振り返り、掘り下げて考えていくと、「お母さんに助けてほしかった」「私の味方をしてほしかった」「お母さんの役に立てない気がして、ごめんねって思っていた」「頼ってもらえなくて、信頼されていない気がして悲しかった」と、たくさんの思いがあることがわかったのです。

もちろん**それを伝えるときは、Ｉメッセージで、**

「私、小さいころから、お母さんが大好きだったんだよ。それをわかってね」
「当時は理解力がなくて、勝手にそう感じてしまっていたんだよね」
「これは決してお母さんを責めているんじゃないの。子どものころに言えなかった私の思いの告白なんだよね」
「私、今、子育てで悩んでいるでしょ？　だから子どもたちのためにも、これを言うことで、自分の中で整理する必要があると思ったの」

と、母を傷つけないように、言葉を選びながら言いました。

ここで大事なのは、Ｉメッセージとはどういうものかということです。

前にも述べましたが、**自分が勝手に思い込んできた妄想の告白であって、決してお母さんに不満をぶつけるものじゃない。**子どものときからずっと言えなくて、妄想のように思い込んできたことを実際に口に出して、メッセージとして伝える——そのことこそが、目的なのです。

たとえ「〜してくれなかった」と思っていたとしても、お母さんにとっては、そのつもりがまったくなかったことだって、いっぱいあるのですから。

私の場合は、たまたま母が、

「そうだったんだね。ずっと悩んでいたんだね」

と受け入れてくれましたが、そうでないケースもたくさんあります。

けれども、**相手の反応はあなたの価値とも関係ない**のです。聞いてもらえなかったとしても、あなたが「聞いてもらえない人」ではありません。わかってもらえなかったとしても、あなたが「わかってもらえない人」ではありません。あなたがあなたの「本当は言えなかったこと」「本当はやりたかったこと」をかなえてあげることに意味があるのです。お母さんに告白しなくても、第3章の終わりでも述べたように、**幼少期を振り返り、そのと**

きにしてもらいたかったことを声に出して言ってみて、自分を許せるようになるだけでも、私たちは自分を変えていけるのです。

なんで理想のお母さんになりたいんだろう？

多くのママたちが「子育てが苦しい」と感じるのは、

「理想どおりのお母さんにならなければ！」

と強く思っているからかもしれません。

私のところに相談に来るママたちの話を聞いていても、子どものころ、母親にされてイヤだったことをしないお母さん、幼いころに自分がされたような悲しい思いをさせないお母さん、自分の子どもを、悲しい、寂しい、怖い気持ちにさせないお母さん――そんなお母さんが理想なんですね。

あなたも、「私が味わった思いを子どもにさせないよう、いつも笑顔でいなくてはいけない！」「いつも穏やかでいなくては！」「いつも子どもの相手をしてあげなくては！」「いつも子どもの話をちゃんと聞いてあげなくては！」「いつも子どもを優先させなくては！」「いつもきょうだいは平等にしなくては！」と、いつもいつも、理想どおりのお母さんになれるように、頑張りすぎていませんか？

そして、それでもやっぱり理想のお母さんになれないんだと感じる度に、自分を責めていませんか？　そんなあなたの子どもを、可哀想だと思っていませんか？

「なんだか子育てが苦しい……」

そう思うあなたは、本当は小さいころにお母さんにしてほしかったことを、自分の子どもにしてあげて、自分自身の傷を癒やそうとしているのかもしれません。目の前の子どもを傷つけないように、悲しませないようにと、自分を責めてまで必死にガマンしているのは、あなたの心がまだ傷ついていて、悲しんでいるからなんですね。

それなのに、目の前の子どもを傷つけたり悲しませたりしないようにと、必死になるあまりあなた自身がガマンや無理を自分に強いているのだとしたら、一体誰があなたの味方をしてくれるのでしょうか？

だからもう一度、第３章の**ワーク⑤**（95ページ）で、あなたが出した答えを確認してみてください。**今のあなたに何よりも大切なのは、心の声にきちんと耳を傾けて、ワーク⑤で出した、子どものころのあなたが感じた「傷ついた」「寂しかった」「悲しかった」「怖かった」という気持ちに気づいてあげること。**理想のお母さんになることよりも、あなたが子どものころから心の奥底に押し込め続けてきた感情に気づいて、吐き出していくこと。自分で「どんな自分でも大丈夫だよ」と育て直してあげることなのです。

そうすれば、あなたの苦しい子育ても、グングン変わっていきますよ！

初めて！ママとしての自分を許せた！

こうして私は、それまでダメだと思っていた「イヤだと思う自分」「悲しいと感じる自分」「怒りを感じる自分」「マイナスの気持ちをもつ自分」を許すのと同時に、**「どんな自分でも大丈夫」**と思えるようになっていきました。そして、

「どんな親でも大丈夫」

と、小さいころからずっと私の心の中で引かかっていた母を、許せるようになったのですね。そうすると、

「ママである私も、これで大丈夫」

と、〝親である自分〟も許せるようになったのです。

それまでは、母には「優しかったし、愛されていたことはわかっているのだから、感謝しなければ」と頭では理解していたはずなのに、子どものころから無意識に溜め込んでいた小さな「怒り」や「悲しみ」といった感情が邪魔して、それができない私がどこかにいたのですね。

でも、**どんな感情をもつ自分も許して、母のことも許せたことで、心から感謝できるようになった。**そして、母を許せたことで、私も子どもの親として、

「親子関係はいつからでも変えていける！」

「子どもたちも今の私のように、たとえ自分を許せないことがあったとしても、いつかは許せるようになれるんだ！」

と思えるようになったのです。

これは私にとって、大きな自信になりました。

母との本音の付き合いが子どものお手本に！

いろいろなケースがあるので一概には言えませんが、私の場合は母との関係も、

「お母さんとは、なんでも本音で話して大丈夫」

と思えるようになりました。それこそ、

「私、頑張ってるでしょ？　褒めて、褒めて〜♪」

と、甘えられるようにもなったのです。

そうすると母も、私になんでも話してくれるように。頑張り屋さんで、自分のことは後回しで何事にもガマンしてやってくれていた（ように見えていた）母が、何かを頼まれてもイヤなときは「イヤよ」「その日は無理」「できない」「疲れた」と、素直に断ってくれるようになり、無理をしなくなったのですね。

お互いに無理やガマンをしない母と私の関係は、**子どもにとっても、「ママに、ああいう風に気持ちを伝えてもいいんだぁ♪」と、お手本になっているよう**です。

——お母さんを許せるようになっても、このような状態にはなかなかなれない、という人もいるかもしれません。

でも、私のクライアントの中には、以前は絶縁状態のようだった母娘でも、ママである娘さんが自分自身を許せたことで、時間はかかりましたが、お母さんとの関係が少しずつ改善し、子どもを連れて実家に遊びに行けるようになったというケースも多くあります。

焦らず、ゆっくり、前進していってもらえればと思います。

間違えたって失敗したって大丈夫！

私の場合、子どもに対しては何を言うからダメだとか、何をやっちゃダメだというのがなくなりました。**親として、そのときに言いたいことを言う。やりたいことをやる。**そうすると、子どもも自分の思うことを素直に言ってくるようになったのです。

例えば一つの文房具をめぐって、きょうだいゲンカをしている子どもたちを見て、以前だったら【上の子可愛くない型】のママのように、理由も聞かずに上の子に、

「お姉ちゃんなんだから、ガマンしなさい！　弟に譲りなさい！」

と、一方的に怒鳴っていたのが、それをしなくなった。そして、

「きょうだいゲンカばかりして、ママ、悲しいなあ」

と自分の気持ちを伝えるようにしたのです。

すると、以前は私の顔色をうかがって、何も言わずにガマンしていた上の子も、

「私だってイヤだよ〜。私が先に宿題で使おうとしていたんだもん」

「私ばっかりガマンしなきゃいけないなんて、悲しい！」

と、自分の思いを口に出すようになったのです。それを聞いて私も、「そっか、そっか」と納得。それと同時に、子どもが「つらい」「悲しい」「寂しい」とちゃんと言ってくれることに、とても安心するのです。

「私自身が以前言えなかったことをこの子は言ってくれる。だからこの子は大丈夫」と思えるのですね。

子育てでは様々な場面に出合うので、親としては間違ってしまうこともあるでしょう。でも、**私が子育てをしていて何よりも大事だと思うのは、「間違えたとき、私はどうしたらいいのか？」「子どもが傷ついたときに、親としてはどうすればいいのか？」を考えること**なんですね。「間違わないこと」や「失敗しないこと」ではないのです。

たとえ自分が間違ってしまったとしても、子どももイヤだったら「イヤ」、寂しかったら「寂しい」と言ってくれるのです。そう言ってもらうことで、あなたも自分の間違いにすぐに気づいて、子どもの傷ついた心を癒やせる。そんなひとときを、お互いに理解し合える機会に変えていけるのです。

親である私自身が、
「こんなときには、親としてはどうしたらいいの？」
「ここで間違った子育てをしたら、この子はどうなるの？」

と、ビクビクしなくなったので、**その場その場でスッキリ解消されていく。**

イヤな傷を持ち越さずにすむので、気持ちがすごく楽になりました。

「助けて！」が言えるようになる魔法の言葉

人に「助けて！」が言えなくて、イライラが爆発しているママはたくさんいます。もう十二分に頑張っているはずなのに、

「まだまだ頑張りが足りない」

と、自分を責めていたり、

「ただでさえ人に迷惑をかけているんだから、助けを求める権利なんてないわ」

と、どこかで思っていたりするんですね。それも心の癖なのです。

だからあなたも一度、

「私は本当に頑張りが足りない人なの？」

「本当に頑張っている人しか、助けを求めてはいけないの？」

「私は、迷惑をかける人なの？」

と、セルフイメージから来る心の癖を疑ってみましょう。そして、

「頑張っていてもいなくても、苦しくなくても、私は自由に助けを求められるくらい、いつも応援してくれる人に囲まれているのよ♪」

という〝魔法の言葉〟をつぶやきながら、これまで信じてきたセルフイメージとは真逆の行動をとってみましょう！

「あ、私、こんなに愛されていたんだ♡」

「人って、こんなに優しかったんだ。ありがとう～♡」

と**感謝の気持ちが溢れる、今までは気づかなかった優しい世界が見え始めます**よ。

私の場合も、以前は【他人の目が気になる型】のママのように、ママ友に「ダメな母親ね」と言われるような気がして、「助けて」とは決して言えませんでした。

でも、下の子が幼稚園児のときです。その日はどうしても抜けられない用事があって、幼稚園の習い事のお迎えに行けなかったので、「どうしよう……」と迷いながらも、思いきって近所に住んでいるママに、

「うちの子どもも、一緒に迎えに行ってもらえる？」

と、頼んでみたのです。すると彼女は、

「うん、いいわよ～。うちの子も、○○ちゃんが遊びに来てくれたら、すっごく喜ぶと思うし。こちらこそ、ありがとう♡」

と、快く答えてくれたのです。その言葉がどんなにありがたかったことか！

「助けて！」と言ってみることで、人生が変わり始めることはたくさんあるのです。

ママ友とトラブったときはどうすればいい？

とはいえ、この世は同じ価値観をもったママばかりじゃないのが現実です。子どもを幼稚園に通わせていると、「子どもは母親が見るべき」と思っているママも、もちろんいます。

私は以前、その中の一人から怒りをぶつけられたことがあります。

「なんで、自分の子どもを他人に任せるの？」

「子どもが習い事をしているときも、ほかのママはつきっきりで見ているのに、あなたの子どもだけ、ママに見てもらえなくて可哀想！」

以前の私なら、ママ友から怒られたら、「＝私がすべて悪い！」と自動変換し、その言葉にショックを受けてオロオロしたと思うのです。でも、そのときの私は、この本でも前述した、人の怒りの仕組みを思い出して、

「ああ、このママには、小さいときにお母さんに見てもらえなくて寂しかった心の古傷があって、それが反応しちゃっているんだろうな」

と、彼女のことを冷静に見られたんですね。そして、

「それはあなたの価値観であり、考え方だよね」

と思えた。それまでのように相手にペコペコ謝ったり、自分を責めたりといったことは一切なかったのです。**これはものすごい変化**ですよね。

でも正直、腹の底では、

「余計なお世話よ！　うちの子を勝手に可哀想扱いしないでよ！」

という不快な思いも湧いていたので、

「預かってくれているママも、『○○ちゃんを遊びに来させてくれて、ありがとう！　うちの子も、一緒に遊べて喜んでいるよ！』って言ってくれているし、うちの子も、『毎回ママがお迎えに行ったほうがいい？　習い事をずっと見ていたほうがいい？』という私の問いに、『なんで？　お友だちといっぱい遊べるからいいよ！』と言ってくれているのに、勝手にうちの子を可哀想扱いして、怒りをぶつけられるのは、私、イヤなんですよね」
ということも、ちゃんと言えたのです。

その後もしばらくは、いろいろと言われていたのですが、私が反応しないでいると、何日かして彼女から「ごめんね」というメッセージが……。彼女としては、以前は子どもを待つ間、私とおしゃべりできていたのに、それができなくなって寂しかったと、打ち明けてくれたのですね。

それを知って私は、そう言ってくれた彼女を「すごいなあ。素直だなあ」と思いました。怒りの底の一時感情である「寂しさ」に気づいて、それを告白してくれたのですから。大人になると、なかなかできないことですものね。そして、**本音を正直に言ってくれたことで、彼女との距離もぐっと近づいたように感じました。**

すぐに落ち込んで傷ついてしまうのはなぜ？

以前の私は、人からの評価で〝自分の価値〟を決めているところがありました。

例えば、人から嫌われれば「嫌われるような私だから」、怒られれば「怒られるようなダメな私だから」と思っていたんですね。だから人から何かをされたり言われたりするだけで、すぐに落ち込み、傷ついていました。

けれども実は、**自分を落ち込ませ傷つけているのは、他の誰でもなく〝自分自身〟**なんですよね。

あなたが人から怒られたり嫌われたりして落ち込み傷つくのは、自分でもそれが図星だとわかっているから。つまり、**ほかの誰よりもあなたが一番、自分のことを「嫌われるような私」「怒られるようなダメな私」と信じているから**なのです。

前項でお話しした私の体験談の中でも、私はママ友に何か言われても、「人から何か言われるようなことをしていない自分」を信じられたから、以前のように「怒られるようなダメな私！」と自分を責めて、傷つくようなことがなかったのです。

私たちは誰もが、どんなに人の目を気にして行動しても、万人の期待に応えることはできません。また逆に、他人の目を気にせず自分らしくしていても、人から〝好かれる〟こともあれば〝嫌われる〟こともある。**どんな人にとっても、嫌われずに生きる魔法などないのです。**

人の気持ちは、その人のもつ価値観や心の古傷によって、その場その場でコロコロ変わっていくものです。だから、そのすべてに合わせようとすると、自分をなくすしかなくなってしまいますよね。

それならば、

「私はどうしたいのか？」「どうありたいのか？」

を考えるしかないのではないでしょうか。

人から嫌われても、自分を嫌わないでいられるようになりたいのか？

自分を偽り、自分をなくして人に合わせることをしてまでも、嫌われないようにすることが重要なのか？

その選択は、あなた次第なのです。

私は、自分が自分の一番の味方でいられるようになってから、人の目を気にしてビクビクしたり、嫌われたりする恐怖感から解放されていきました。

あなたは、どちらの自分で生きたいですか？

ママの本当の気持ちは子どもに伝わる

心の古傷から自分を解放していくための基本は、とにかくあなたの思っていることを言うことです。それだけでＯＫなのです。

「こんなことを言ったら、相手にどう思われるかな？」と遠慮して、自分の言葉をのみ込んでしまう心の癖がある人はとくに、心の中に湧いた「悲しい」「寂しい」をあなた自身に言わせてあげましょう。

「私は助けてもらえる人だ」ということを知って、それをいくら頭で繰り返しつぶやいても、実際に助けがいるときや寂しいときに「助けて！」「寂しい！」と言えなければ、本当の意味で、その行動を自分に許可できていないんですね。

だから、その言葉をなかなか言えない人は、「本当は寂しい。一緒にいてほしい」「本当は助けてほしい」といった、あなたの心の中に湧いた「○○してほしい」というほんの小さな声にも耳を傾けて、それをかなえてあげてほしいのです。あなたの本当の望みをかなえてあげられるのは、ほかの誰でもない、あなた自身なのですから。

そうやって**自分の味方になり、大切にできるようになると、親にも子どもにも旦那さんにも、「私を大切にして！」と、人から与えてもらうことを要求することがなくなっていきます。**自分が自分の味方をできないから、人に期待してしまう。それがなくなっていくんですね。

ママがガマンせずに本当の気持ちを言うようになると、子どもも人からどう思われるかを気にせずに、遠慮せずに本当に言いたいことを言ってくれるようになります。

わが家でも、私が仕事を終えて子どもも学校から戻ってくると、1日にあったことをよく話し合います。上の娘は、ネガティブなことでもなんでも話してきて、

「勉強がイヤ！　不登校になりたい」

「でも、不登校になったら面倒くさいし～。友だちに会えないし～」

なんていうことも言ったりします（笑）。

私は親に心配をかけるようなことは言えなかったので、あるとき、娘の言うことに感心して、思わず、

「あなた、よくそんなことが言えるね～。ママに心配かけちゃうんじゃないかとか、思わないの？」

と聞くと、こう答えてくれました。

「え？　思わないよ。ママには言えないっていう友だちも多いみたいだけど……。だって、ママは私のこと、一番わかってくれているでしょ？」

ママである私が、事あるごとに一喜一憂して、娘の問題をわがことのようにワアワア言わないので、娘も信頼してくれるようになったのだと思います。私が娘以上に落ち込んだり、「それは正しい！」「これは間違っている！」とジャッジしたりしていたら、娘も心配して、

「言っちゃいけないんじゃないか」

と感じてしまいますよね。

　普段は適度に話を聞き流すこともありますが、本当に必要なときは一番の味方でいることを、娘はわかってくれているのだと思います。以前の、心の古傷が反応して冷静に話が聞けなかった私には、想像もつかなかった、嬉しい娘との関係です。

第4章まとめ

・Iメッセージで、子どもや旦那さんに自分の本音を伝えていこう。
・古傷は子どものころに自分で勝手につくった妄想。
・自分の中のお母さんを許せたら、ママである自分も許していこう。
・「どんな私でも大丈夫」と思えれば、自分が一番の味方になって、人にも期待しないですむようになる。
・ママが言いたいことを言い、やりたいことをやれば、子どももまわりも本音で接してくれる。

第5章

逆! 逆!
子どもを大切にする
子育て法

育児ノウハウ本に苦しんでいるママたちへ

私のもとに訪れるママたちの中には、「子育てとはこういうものだ」という育児ノウハウ本を読んだために、逆に苦しくなってしまっている人がたくさんいます。彼女たちに共通して言えるのは、とても真面目で頑張り屋さんだということ。

「子どもの話は、自分の手を止めて、真っ先に聞いてあげましょう」

「イライラしたときは、トイレに数秒こもって、ガマンしましょう」

といった、誰かの子育ての方法が書いてある本を読んで、

「このとおりにできない私は、頑張りが足りないんです！」

と、見本どおり、理想どおりにできない自分を責めてしまうのです。私から見れば、彼女たちは、自分を責めてしまうほど頑張り屋さんなんですけどね。

だから子育ては、ほかの誰かの方法を自分に当てはめるのではなく、一人ひとりのママ

にとって心地いいのが一番。ママが自分を満たしていたら、子どもも同時に満たせるのですね。そのためには、**「私はどうしたいのか？」を考えることが一番大事**なのです。

子育ては、究極はそれぞれのママ次第。「こうやって育てたから、こうなる」とは決して言えないのです。私の母のように優しくしてくれていたのに、子どもが悩みを抱えるようになることもあれば、ひどい育て方をしたのに、子どもはたくましく成長することもある。

だから私は、相談に来るママたちには、

「あなたが笑っていられるのが一番なんだよ！」

と、いつも言っています。

自分のちょうどいい子育てを見つけよう

自分のやりたいことを一番にするといっても、ママになれば、自分のことはガマンしてでも、子どものためにやってあげたいことはたくさんありますよね。世の中の常識に合わせて「母親はこうするべき」と、身を削って無理してやってきたことをやめようとしても、その境目がなかなかわからないときもあるでしょう。

そういうときは、**今の自分が「いい気分なのかどうか」を確認してみましょう。**

感情は嘘をつかないので、自分が身を削ってでも嬉しいと感じられるのなら、いい気分が続くんですね。でも、身を削ってしんどいのであれば、結局はイライラしたり爆発したりして、後々ガマンしていたことに気づくことになります。

自分に合っていることをしているかどうか？　は、**自分の感情で気づける**のです。

例えば、子どもの希望に合わせて、公園に遊びに行ったとします。子どもが喜ぶ姿を見るのは、ママも嬉しいですよね。けれども子どもが喜ぶからといって、いつも子どもに合わせて公園に行っていたら、どうでしょう？　疲れたり、イライラしたりするときがあるのも当然です。

そこで、もしイライラする自分がいたら、

「あれ？　私、なんかガマンしていなかったかな？」

と振り返ってみてほしいのです。そうすると、

「あ、やっぱり私、イヤだったんだ。ガマンしていたんだ」

ということに気づけるのです。そして、

「じゃあ私、本当はどうしたかったんだろう？」

と振り返って自問してみる。そこで、

「今日は疲れていたから、本当は家でゆっくりしたかったんだ」

ということに気づけたら、**そのあとまた同じことが起きたときに〝違う選択〟ができます**
よね。

「この前は無理して公園に行ったけど、今日は自分を優先してみよう」
↓
「ときには自分を優先してもいいんだ♪」
↓
「自分が満たされたから、夕食は子どもの好きなものをつくってあげよう！」
と、**〝自分のちょうどいい〟に気づいていける**のです。

あなたが必死に躾けるのはなんのため？

「ありのままの子どもを受け入れるといい」

と、ママたちに言うと、

「食事のとき、子どもが汚い食べ方をしていても、注意しちゃダメなんですか？」

「テレビを何時間も見る子を、そのまま許さないといけないんですか？」

と聞かれることがよくあります。


子どもの躾も、これまで述べてきたことと同じ。あなたが子どものころ、お母さんやお父さんに、お箸やお茶碗の使い方を教えてもらって、綺麗にご飯が食べられるようになってよかったと思っているのなら、

「こうしたら、もっと綺麗に食べられるよ！」

「もっと気持ちよく過ごせるよ！」

と、子どもに〝普通に〟伝えればいいんですよね。

けれども**もし、子どもに対して、**

「絶対にこれを躾けなければ！」

と怒りが湧いてくるほどなのであれば、それは心の偏りのサイン。怒りの底に隠されたママ自身の「怖さ」「悲しさ」の原因を見つけることが先決です。

そんなときは第２章のワーク④（83ページ）のレッスンを思い出してください。

「これを躾けられないと、子どもがどうなってしまいそうで怖いの？」

「自分の言うとおりに従ってくれないと、どんな扱いをされた気がして悲しいの？」

と、自分の心に聴いてみましょう。

そこで例えば、

「学校で子どもの行儀が悪いと、子どもが友達にからかわれてしまいそうで怖い」

「子どもにちゃんと躾ができない嫁だと言って、姑からバカにされたら悲しい」

という答えが出たとすると、それはママ自身の恐れであって、子どもの問題ではないことがわかりますよね。

問題なのは、ママ自身が抱えている負の感情です。「躾けなければ！」と必死になりすぎて怒りを感じたことを、ママ自身の心の奥底にある「怖さ」「悲しさ」……つまり心の古傷を癒やすチャンスに変えていけばいいのです。


「私はなんのために、必死になって子どもを躾けたいの？」

「誰のために、そうしたいの？」

と、自問するうちに、自分の怒りの陰に隠されていた本当の気持ちに気づくことができ、躾けるときの子どもへの声かけも、求めるものも変わっていきますよ。

子どものアリエナイ言動に一撃！

ここからは、私が講座で紹介している——私自身がイライラしそうになったときに楽しく使える——〝魔法の方法〟をいくつか紹介しましょう。

長い間自分の中にすみついていた心の癖を直すには、誰でも時間がかかるもの。これらを使って、あなたのちょっとした心の隙間から出てきてしまったイライラを、楽しみながらなくしていきましょう。

最初は、ママたちが「アリエナイ！」「なんでそんなことするの⁉」と思うような、理解不能な言動を子どもがとったときに効く方法。


「〇〇師匠、さすがっす！」


自分がこれを言っている姿を想像するだけで、何やら顔がニヤリとしてしまいますよね。

例えば子どもの名前が一朗だとすると、

「一朗師匠、さすがっす！」

という感じで言ってみる。

これは、自分がほかにやりたいことがあるのに、家事などをしなくてはいけないとイライラしそうになっている【短所こだわり型】のママにとくに有効です。

例えば一朗君は、夕食後に宿題をしなければならないのに、ソファに横になってのんびりテレビを見ています。その姿を見てママは、

「宿題もしないで、何やってるのよ！　やるべきことをやってからでしょ！」

と爆発しそうになる……。そんなときに、この言葉の登場です！

一朗君に直接言ってもいいのですが、まずは自分だけで、

「一朗師匠、さすがっす！　宿題が残っているのに、よくそんな風に平気でいられますね～」

とつぶやいてみる。すると、実際にそう声に出しただけで、ママ自身も「ぷぷぷ」と笑えてくるのですね。

そうやって**視点をちょっとずらした感じで状況を眺めてみる**と、自分がどうして一朗君を怒りたくなったのかが見えてくる。ママも一朗君のように、本当は家事をするよりも実は、好きなことがしたかったのかもしれませんね。

けれど**ママ自身が、「好きなことは、やるべきことをやってからするべき！」というルールで自分を縛っているから、子どもも同じように自分のルールで縛りたくなる**のです。

できたらママは、「〇〇師匠、さすがっす！」とつぶやいてから、師匠である子どもを真似して行動してみましょう。「こうするべき」ではなく「私はこうしたい！」という気持ちをかなえながら動いてみるのです。

「家事よりも、私が本当にしたいことはなんだったんだろう？」

「子どもと一緒にゴロゴロしながら、テレビを見ること？」

「それとも、食後にゆっくりコーヒーを飲むこと？」

……と、なんでもいいのです。思いついたら行動に移してみましょう。

すると、ママ自身がご機嫌になれるので、自分が本当にやりたいタイミングで家事ができるようになって、子どもにイライラしなくなりますよ。

自分の思いを押しつけるのではなく、子どもから学ばせてもらい、ママとしての本心に気づかせてくれる〝魔法の言葉〟です。

カツラを外してダメな自分をオープン！

これは心屋式〈カツラの法則〉といって、セミナーでもワークとしてやっているので、知っている方も多いかもしれませんが、とてもわかりやすい方法なので、ここでも紹介しましょう。

人は髪の毛が薄くなっている部分を隠したくて、こっそりほかの人にバレないようにカツラを被ります。でも実は、結構な確率で、カツラはまわりの人にバレているんですよね。それなのに本人がバレていないように振る舞うから、まわりの人はいたたまれなくなって、一緒にいづらくなる……。

カツラを被っているのなら、

「私、実はカツラなんですよね」

と言ってしまえば、まわりも、

「あ、そうですよね。知っていました」

ということになるのです。つまり、**カツラを被っていることや髪の毛が薄いことには何も問題はないけれど、〝そのことを隠そうとしていること〟に問題がある**ということなんです。

同様に子育てで悩むママたちも、〈ダメな自分〉〈できない自分〉は全然問題じゃないけれど、それを隠そうとするから問題なんですね。だから、自分からカミングアウトして、

「私は、○○ができないんです！」

と言ったほうが、自分も周りもスッキリするのです。できないことを気にして、人にバレないかどうかビクビクするよりは、ずっと自分らしくしていられますよね。

だから**あなたも、ダメなところを隠そうとするのではなく、いっそのことカツラを外して、まずは信頼できる人にダメなところを少しずつ見せていきましょう。**そうすれば段々と、〝ありのままの自分〟でいられるようになって、スッキリするはずです。

自分の人生の舵をとって考えよう

私たちは、ほとんどの問題を自分で引き起こしているのに、そのことに気づいていません。古典的なお笑いで、よくありますよね？　登場人物がバナナの皮を踏んで、ずっこけて、

「誰だっ！　こんなところにバナナの皮を置いたのは！」

とプンプン怒っているのだけれど、実はそこに置き忘れたのは、自分だった！——というコントがあります。それと同じことなのですね。

何か問題が起きたときに、私たちはそれに対して怒ったり悩んだりしているけれど、〝そもそもの原因は自分だった〟ということに気づいて、問題を解決していくことを、私はセミナーで「コントに気づく」と言っています。

つまり、**何か問題に直面したときに、自らが潜在的に望んでいたことだったたんだ！」**

「本当は大切なお宝に気づくために、

というコントに気づければ、今までとは違う問題の捉え方ができるのです。

例えば「責められる」「悪口を言われる」といった言葉でもわかるように、人は何か問題にぶつかったときは、受動態の被害者のような捉え方をすることがほとんどですよね。私たちは、〝受け身の被害者〟になっていると思っているんですね。

これを自分が利益を受ける意味の補助動詞「〜してもらう」をつけた表現に変えてみると、コントがとてもわかりやすくなります。

例えば「責められる」だったら、私たちはママ友に責められると、

「なんで私が責められるんだろう？」

「責められると悲しい」と悩みますよね。それを**「（自ら望んで）ママ友に責めてもらう」に変えて、自分にはどんなメリット（二次利得）があるのか、という視点で見てみる**のです。

そうすると、いろいろなメリットがあることがわかります。

例えばその中の一つは、**人から「責めてもらう」ことで、自分自身がその部分を責めていることに気づけるメリット**。

私たちは人から責められると、「イタイ！」「アイタタタッ！」と感じたり、イラっとしたりしますよね？　それは、人から受けた指摘が図星だからです。つまり、自分自身が一番責めているところを他人から突かれるから、ついムキになって反論したくなったり、落ち込んだりしてしまうのです。

だから人に対して「責めないでよっ！」と思う前に、まずはあなたが自分を責めるのをやめることに気づければいいのですね。

二つめは、**誰かに「責めてもらう」ことで、自分を被害者にして、相手を加害者にでき**

るメリット――この考え方には、ちょっと耳が痛い人もいるかもしれませんね。

つまり誰かに責めてもらうことで、「あの人って、ひどい人だよね」「あなたが可哀想」と、ほかの人が味方をしてくれたり、「あんなの気にしなくていいよ」と言ってもらえたり、優しくしてもらえたりすることが、自分でも無意識にわかっているんですね。

実はこれは、「私は可哀想な人でいないと、人に味方をしてもらえない」と思い込んできた、長年の心の癖のなせるわざ。だから**そのことに気づいたら、**

「可哀想な私じゃなくっても、人は味方してくれる！」

「私は楽しく幸せでいればいるほど、たくさんの味方に囲まれる！」

と、信じていたものをひっくり返して、そのコントの舞台から飛び降りればいいのです。

「〜される」と受け身でいるうちは、主導権を他人に渡していて、自分ではどうすることもできないと思っている状態なんです。けれど、「〜してもらっている」と、すべて自分が主体で、引き起こしたことに気づいたら、このまま引き起こし続けるのか、やめるのかも、自分で選んでいけるんですよね。すると、**自分で舵をとって人生をつくっていける感覚になれる**のです。

実際に目の前にある問題を「〜してもらう」という視点に変えてみるだけで、気持ちも次の行動も変わっていきますよ。

イライラを一瞬でシュルルル〜っと収める方法

毎日子育てをしていると、部屋いっぱいにオモチャを散らかす子どもを見て、

「なんでちゃんと片づけないのっ！」

と怒鳴るシーン。数えきれないほどありますよね。イライラが溜まりに溜まって、怒りは増すばかり。

そんなときにキッチンにふと目をやると……うわっ、同じように散らかっている！

「アイタタタッ！　私もだったあ……」

と、一瞬でシュルルル〜ッと怒りが収まりますよね。まさに目の前の子どもは自分を映し出す鏡。

「私自身も、片づけられない自分がイヤだから、子どもを見て怒っちゃったんだ」

ということに気づけるのです。

子どもを見てイヤだと思うところは、ママ自身のイヤな部分。【短所こだわり型】のママだったら、わかりますよね。

「ああ、私も自分のこんなところがイヤなんだなぁ」と、自分を認めて許していければ、子どもに対するイライラも、鎮火していきますよ。

私もしょっちゅう、軽〜く笑いながら「アイタタタッ」と言っています（笑）。そうなると、怒っているどころじゃなくなりますよね。

「怒ってもいい」って、言える!?

子育ての悩みを抱えるママだったらみんなそうだと思いますが、

「怒っちゃいけない！」

と思ってガマンにガマンを重ねるから、最後に爆発してしまうのですね。

カウンセリングでもよく言っているのですが、「〜してはいけない」という**否定命令で**

「怒っちゃいけない、怒っちゃいけない」と禁止すればするほど、余計に怒りたくなってしまうんですね。そうすると、そのあと罪悪感がものすごくふくらんで、自分を責めるだけでなく、そうさせる子どもまで責めてしまう……。

だから**そんなときは、「怒ってもいい！」とつぶやいてみる。**

普段から「怒ってもいい、怒ってもいい」と思っていると、たとえ子どもを怒ったとしても、すぐに収まったり、逆に小出しでイヤな気持ちを伝えられたりするので、マグマのような怒りが溜め込まれることがなくなり、イライラが爆発することもなくなるのです。

あなたもぜひ、つぶやいて自分に許可してみてくださいね。

自分責めが止まらないときはどうすればいい？

「子どもを可愛く思えない」「子どもにイライラしてしまう！」と、自分を責めて悩んでいる人がいると、まわりにいる人は、

「大丈夫だよ〜」「あなたは悪くないよ〜。自分を責めないで〜」と言ってつい励ましがち。でもそうすると、ホッとする人がいるのと同時に、モヤモヤしてしまう人もいるのです。

なぜなら、悩んでいる本人は、

「私って、こんなにひどい親なんだ」

ということ自体を人にわかってほしいから、「そんなことないよ」と言われると、自分の考えが否定されるだけでなく、〝自分のひどさ〟をわかってもらえない気がしてしまうのです。そのため、まわりのみんなにわかってもらうまで、ひどい親でいたり、誰かが責めてくれるまで自分を責め続けたりすることもあります。

こうしたママの対処法の一つとしてあげられるのは、**信頼できる誰かに頼んで、一緒に自分をちゃんと責めてもらうこと**です。これもカウンセリングで実際にやっていることなのですが、信頼できる人に、

「あなたって、本当にひどいヤツだよね〜」「最低の親だよね〜」

と責めてもらって、あなたのひどさをわかってもらうのです。

これは一見、ものすごく苦しい方法のように思えますが、これを受けた本人は、

「私のひどさを、ようやく人にわかってもらえた」

と、どこかホッとした感覚をもてるようになったりするのです。

また、他人から責めてもらうと、

「そんなことを言うなんて、ひどい！」

と腹が立ってくることも。それでも、自分責めのときにいつも無意識に使っていた言葉を、客観的な立場の人に言ってもらうことで、

「私はこんなにひどい言葉で自分を責めていたんだ！」

ということに改めて気づけるのですね。そしてそれが、

「自分を責めるのはやめよう！」

と心から思えるきっかけになり、そうすれば自分が一番の味方になっていけるのです。

また、自分責めの対処法の中には、自分一人でできるやり方もあります。

「10分間、自分を責めまくる！」と決めて、時間内に自分のイヤなところ、ダメなところ、嫌いなところを責めまくるのです。これはノートやメモ帳などに書き出しても効果的です。

例えば、

「私は子どもに『あれをしちゃダメ』って言って、一方的に誘導しようとした」

「子育てを手伝ってくれない夫に、文句が言いたかったのに言えなかった」

「ママ友に本当は謝りたくないのに、その場しのぎで『ごめんね』って言ってごまかした」

「あ〜〜〜、私は最低だ！」「私なんて、ダメだあ」「冷たいヤツだ」「ひどすぎる〜〜」

と、頭に浮かんだまま、なんでもいいのです。とにかく10分間、自分を責め続ける。

するとこの時間が結構長くて、ついうっかり、

「お腹が空いた〜」

というのがポロッと出てきてしまったり、

「あ、この前、子どものことを褒めたな」

と、自分のいいところがふと浮かんできてしまったりするのです。逆に〝責めなくてもいい私〟も、ちゃんとわかっているんですね。〝責めなくてもいい私〟は、普段は自分責めの思考にのみ込まれて、見えなくなっているだけなのです。

「自分を責めちゃけない」「責めるのは苦しい」と逃げ回っていると、ダラダラといつまでも自分を責めることになってしまうけれど、**「今、絶対に責めなきゃダメ！」ということに**

なると、

「あ、今、私、自分を責めていなかった」

「責めないときがあっても、大丈夫だった！」

と、責めるのをやめられている自分にも気づいたり、無理に自分を責めようとする必要がなくなっていくのです。

子どもを愛せる自分に気づこう

前述の「10分間、自分を責めまくる！」方法は、【子どもを愛せない型】や【上の子可愛くない型】のママたちの悩み解決にも応用できます。


私のセミナーに参加してくれているママたちの中には、

「子どもを愛せない！」「上の子だけ、可愛いと思えない！」

と訴える人がとても多くいます。

これまで本書でも述べてきたように、そうした思いは、ママ自身の心の古傷が大きくかかわっているので、セミナーではまずそれと向き合います。その上で、どうしても「愛せない」「可愛いと思えない」と自分を責めてしまう人向けに、私はこんな宿題を出すことがあります。

「1日、子どものことを可愛いと絶対に思わないこと！」

1日という期限をつけて、実際に家でそれを実行してもらうんです。

すると、宿題をやったママたちからすぐに報告が来ます。例えばそのうちの一人は、1日中子どものことを「可愛くない、可愛くない！」と思うように意識していたらしいのですが、おむつ替えや子どもがふとした瞬間に笑顔を見せたときに、

「あ、今可愛いと思っちゃった」

「あ、また可愛いと思っちゃった！」

と、ついつい「可愛い」と思ってしまった自分を発見するのです。

そうなんです。**心理学でいう〈否定命令〉を実際に使ってみると、自分が意識してフォーカスしていたはずの箇所がいつの間にか変わって、子どもが可愛く思えるところばかりに**

目がいくようになるんですね。そしてそれまで「自分にはない」と思っていた愛情が、「自分の中にすでにあったんだ」と気づけるようになったりするのです。

「子どもを愛せない」「可愛くない」と思っているあなたも、一度、否定命令の実験をしてみませんか？

幽体離脱ごっこでイライラを解消！

子どもを叱るとき、

「なんで何度言っても、言うことを聞いてくれないの？」

と、イライラすることがありますよね。そんなときは〝幽体離脱ごっこ〟がおススメです。

まずは**子どもとあなたをイメージの中でチェンジして、子どもの体の中に入ったつもりになります。そしてそこからママであるあなたを眺めて、その気持ちを感じ取ってみましょう。**これもカウンセリングでよく使う手法なのですが、それを日常に取り入れてみるのです。

例えば私の場合、子どもが小さいときにお風呂から出ると、裸でいつも部屋の中をグルグル走り回っていたのです。私が何回「服を着なさい！」と言っても、いつまでもやめてくれなかった……。そこで、

「もうっ！　なんなのよ」

「なんで言うことを聞かないのよっ！」

となったときに、イメージの中で幽体離脱ごっこをしてみたのです。

すると、すごい形相で怒っているママの私が目の前に立っていて、子どもになっている私はキョトンとして、

「え？　だって、楽しいからだよ〜、ママ〜」

と答えているのが想像できたんですね。そうなのです。子どもはただ楽しかっただけで、悪気などまったくなかった。それが体感として感じられて、

「そりゃあ、楽しいからだよね♪」

と、子どもを許せて、一瞬で怒りも収まったのです。


私のクライアントの一人は、この幽体離脱ごっこの変形版を、旦那さんがやってくれた

そうです。子どもが翌日の学校の準備をなかなかしないのを心配して、ママである彼女は毎晩のように、

「○○ちゃん、明日の準備をしなさい！　まだやっていないの？」

と、口うるさく言っていたそうです。あるとき、それをそばで聞いていた旦那さんが、彼女の食事が終わるやいなや、

「お皿洗った？　まだやってないでしょ？」

「片づけたの？　溜まってたでしょ？　早く片づけなよ、すぐやるもんでしょ？」

と、彼女に似せた口調で言ってきたというのです。

彼女が「え？　何これ？」と思っていると、旦那さんが、

「これと同じことを、あの子は毎晩やられているんだよ」

と言ったそう。それを聞いて、彼女は「うわ〜っ」と思って、「これはイヤだわ」と、子どものの大変さに気づいたというのです。


幽体離脱ごっこをしてみると、自分が子どもに対してやっていることが如実にわかって、イライラも収まりますよ。

悪口なんて言ってはいけない!?

子どもが幼稚園や学校でいじめられたとき、「どうしよう……」と悩んでいるママもたくさんいると思います。

子どもがいじめられると、ママとしては、

「あなたも何か悪いことをしたんじゃないの？」

「メソメソしないで」

「前向きに考えなさい！」

と、つい言ってしまいがち。親としては問題を解決してあげたいし、励ましてあげたいと思うあまり、そう言ってしまうんですよね。

でも子どもは、そんな言葉を聞くと、自分を一番わかってほしいママにまで悪者にされたような気がして、

「ママにはもう二度と言わないぞ！」

と心を閉ざしてしまったり、

「いじめられる私（僕）が悪いんだ……」

「このぐらいのことで悲しんでちゃ、いけないいんだ……」

と、自分を責めてしまうことがあるんですね。


だから**子どもがいじめられたときは、子どもと同じ気持ちになって、いじめた友だちに対する怒りやイヤだった思いを一緒に言ってみる。**これはプロのカウンセラーがよくやる手法なのですが、それをママが、子どもと二人で家でやってみるのです。

最初に二人で向き合い、子どもをいじめた友だちの名前をきちんと入れて、

「○○ちゃん、やめてよ～～っ！」

と、一緒に声に出すことから始めます。そして順々に、

「私も仲間に入れてよ！」

「なんで意地悪するの？」

「意地悪する○○ちゃんなんて、大嫌い！」

「大っ嫌い、大っ嫌い！」

「バカ、バカ〜〜〜〜ッ！」

と、思いっきり二人で言ってみるのです。


子どもはいじめられると、本当は心の中でそう思っていても、**「人の悪口なんて言ってはいけない」と思うから、それが出せなくて苦しんでいたりする**んですね。だから、ママが率先して、二人だけのときにそれを子どもの心の中から出してあげる。そうすると子どもの気持ちもスッキリするのです。


実際にカウンセリングでは、これをまずはママにやってもらっています。

「〇〇ちゃんなんて、大嫌い！　バカ！」

と言ってもらって、心の底に溜め込んだ思いを吐き出し、スッキリしてもらう。そして、**どんな感情を感じてもいいということを知ってもらう**のです。


これまでも述べてきましたが、**思いっきりそれを言う**と、

「いじめられて寂しかった」

「悲しかった」

という**怒りの底にある感情が出てくる**ので、

「寂しかったよね」

「悲しかったよね」

と**自分の感情に共感できる**のです。そうすると、

「じゃあ、本当はどうしたかったの？」

という**自分への声かけができて**、次に、

「本当はこうしたかった」

という**正直な気持ちが出てくる**。そして、

「じゃあ、それを言ってみよう！」

ということで、**相手に向かって言えるようになるだけでなく、自分の本当の気持ちに気づけて、ホッとできるようになったりする**のです。

「悪口やネガティブな発言をしてはいけない！」

と道徳的に裁くのではなく、子どもの感情を一緒に感じて吐き出せるようになると、子どももママも、いじめられた傷が癒やされているのを感じられるようになりますよ！

いじめられたときもママが一番の味方

いじめられて「学校に行きたくない！」と言い出した子どもには、**〝嫌いな子をロケットにくくりつけて飛ばす〟イメージ方法**もあります。

もちろん「想像上で」ということですが、ママが、

「〇〇ちゃんを、ロケットにくくりつけて、宇宙に飛ばしちゃおっか？」

と言って付き合ってくれるだけで、ふさぎ込んだ子どもには嬉しいものです。

どんな色の宇宙船で、どのくらい大きくて、宇宙飛行士としてうさちゃんが乗っていて

……と、いろいろ想像しながら、

「それじゃあ、発射〜〜！　ドド〜ン！」

と、いじめっ子を想像の世界で遠くに飛ばしちゃうだけで、子どもはホッとできるのです。

先日、これを実際にいじめられたお子さんに試してみたクライアントさんが、

「ロケットを飛ばすたびに子どもの顔の表情がスッキリしていき、次の日には登校できました！　いじめた子への気持ちも家で吐き出してスッキリしていたので、その子とも普通に話せたそうです！」

と嬉しいご報告をしてくれました。ママが一番の味方であることが伝わって、お子さんも安心できたのでしょうね。

第5章まとめ

・自分だけのちょうどいい子育てをしていこう。

・自分を落ち込ませ、傷つけているのは自分自身。視点をちょっとずらして眺めてみれば、本当の自分に気づける。

・〈ダメな自分〉を隠すのはやめて、ありのままの自分をカミングアウトしていこう。

・多くの問題は、自分でつくりだしたコント。それに気づき、受け身ではなく、自分で舵をとる人生をつくっていこう。

・子どもがいじめられたときは、ママが一緒にイヤな気持ちを吐き出してあげよう。

第6章

いつも
ハッピーママで
いるために

アンパンマンになろうとしていない？

子どもたちに大人気のアンパンマン！　私も子どもが小さいころは、本当にお世話になりました。

けれどもママのあなたも、そんなアンパンマンみたいになろうとしていませんか？

「世のため人のため、子どものため！」

と、わが身を削り（アンパンマンだったら、顔を削りますよね）、子どもに与えようとする。それも子どもを愛していればこそなんですよね。

でも、アンパンマンは顔を削っても、すぐに新しく顔をつくって満たしてもらえるけれど、ママは身を削ってヨレヨレになった分、自分で満たせているのでしょうか？

愛情は自分が満たされなければ、人には決して分け与えられません。子育てで悩むママたちは、自分を犠牲にして愛情がカラカラの状態なのに、子どもを満たそうとするから、

「私がこれだけ頑張っているのに、なんでそれに応えてくれないの⁉」

と、イライラや怒りを感じてしまうのです。

子どもに愛情をいっぱい注ぎたかったら、まずは自分自身を満たしましょう。子どものためにも、先に自分を満たしましょう。

そのために守ってもらいたい基本は二つ。
・やりたくないことはやめる♡
・やりたいことをやる♡
毎日のほんの小さな積み重ねでいいのです。子どもに対しても、ママが気が進まなかったら「イヤ」と言う。助けてほしかったら、「助けて！」と言う。やりたくなかったらやらない。そうやって〝自分を一番大切にする〟ことで、あなた自身を信じられるようになっていくのです。

ママが自分の「好き♡」や「楽しい♡」を一番にしていると、子どももそれを見て、自分に一番愛情を注げる子になれます。家事をサボっても何をしても、あなたが笑顔でいる状態が、子どもには一番なのです。

「ごめんね」の心の癖を手放す初めの一歩

私の場合、カウンセラーになった今でも、現在進行形で、「あ、まだ私、こんな風に思う心の癖をもっていたんだ」と気づいては、心の古傷を見つめ直しています。

以前の私はそもそも、

「自分を大切にするって、どういうこと？」

と、その意味もわからないくらい、自分に無理をさせ、ガマンさせ、言いたいことを言わせないのが当たり前になっていました。

でも、前の項でも述べた「やりたくないことはやめる」「やりたいことをやる」ということが、初めは怖かったけれど、自分の心が喜んでいるのを感じる度に、**今ではそちらのほうが標準装備。**

イライラ、モヤモヤすることがあると、

「あれ？　これは私がやりたいこととは違うかな？」

「自分の心をごまかしていないかな？」

と、すぐに違和感をもてるようになりました。


日常の笑いの場面でも、以前は人に合わせて笑うことが多かったのですが、今では心から笑えて、本当に楽しい。夫からも、

「いつも楽しそうだね。ほんとによかったね～♡」

と言われています。

他人と自分、どちらに嫌われたくないの？

実は、やりたいことをやって自分らしくしていると、いいことも悪いことも両方同時にやってきます。自分を歓迎してくれる人も、あまり歓迎してくれない人も現れるのですね。

でも、**自分が自分の一番の味方でいれば、〝いい〟も〝悪い〟も気にならなくなる**のです。

たとえ誰かに批判されても、自分自身を信じてさえいれば、〝批判される人〟――受け身の被害者にならなくてもすむんですね。

自分に正直に生きていれば、本音で応えてくれる人が現れる。そういう人とは、上っ面ではない、思っていることを心から話せる関係になれます。それは、子どもや旦那さんに対しても同じですよね。

完璧ママ主義を手放そう

私は今、ママ友に家事の代行をプロとしてお願いしています。最初は業者さんを探していたのですが、予定がいっぱいでなかなかお願いできなかったのです。

そこで、掃除がとても得意なママ友に、

「もしかして、うちもできる？」

と、ダメ元で聞いてみたのです。すると彼女は、

「え？　いいの？」

と喜んで引き受けてくれて、今ではとてもお世話になっています。

以前の私は、わが家にママ友を呼ぶことさえなかなかできなかったのに、自分でもとても驚いています。私も変わりましたよね！

私のケースは特殊ですが、掃除などの家事は代行業者に頼むと、その時間を使って自分の好きなこともできるし、子育てにも専念できるので、とてもいいと思います。とくに仕事をもっているママにはおススメです。

ただ、なかには、

「家族の役に立てなくなっちゃうのが怖い」

という人もいますよね。私のクライアントにもそういう人がいますが、プロに任せると、家での自分の存在価値がなくなってしまうと思うのですね。自分の仕事が奪われると、家にいる意味がなくなると考えて、頼めないのです。

だから、**まずはそう思うことをやめる練習をしてみましょう。**

「仕事と家事を両立させるのは大変だ」

と思ったら、

「家事を人に任せてもいいよね」

「人に助けてもらってもいいよね」

「役に立てても立てなくても、自分は存在してもいいよね」

と、自分を許していきましょう。やりたいことをやるためには、いろんな場面で自分の心の声を聴いていくことが大事なのです。

ママはわが子の専属カウンセラー

ママが自分を取り戻して、やりたいことをやって笑っていると、子どもは安心です。たとえ子どもが何か問題を抱えていても、家庭内で解決できます。

プロの専門家にならなくても、ママが家庭内でわが子のカウンセラーになればいいのです。

カウンセラーといっても「問題を解決する人になる！」というわけではないのです。子どもがいつでも「自分の気持ちをわかってもらえる」「何かあったらママに言えるから大丈夫」「ママは私の一番の味方をしてくれる」と、思えるだけでいいのです。

たくさんのママたちの悩みを聞いてきて、大事だと思うのが「一人で抱え込まない」こと。学校や職場など生きていく上で問題を避け続けることは、難しいでしょう。けれど、悩んだり傷ついたりしたときにどうするか。傷ついた気持ちを誰にも言えずに、ママになるまで苦しんできた人がとても多いのです。だからこそ、子どもが子どものうちに、一人で抱え込まない環境を作るのがとても大事だと私は思っています。

ママがママ自身の一番の味方になれると、子どものことも信じて、寄り添えるようになるのです。一家に一人！「ママがわが子の専属カウンセラー」が広まったら、子育てでつまずく人を減らせると思います。

ママが子どものためにできる唯一のこと

ここまでもたくさんお話ししてきましたが、以前は私も、上の娘のやることなすことにいつもイライラして、娘もそれにオドオドして心を決して開かず、どうしたらいい親子関係になれるのかと、心を悩ませるばかりでした。

でも今は、それがまるで嘘のような、笑い声の溢れる時間が増えました。

先日のことです。私は出張先から家に帰ってきて、下の子どもと野球の試合の話で盛り上がっていました。すると、そこに上の娘がやってきて、

「弟ばっかり、ずるい！　私もギュウしてよ！」

と言ったのです。

それを聞いて、同性だから恥ずかしいということもあり、上の娘を抱きしめ慣れない私は、あわててヘッドロックのような形で彼女の頭に手を回してしまって……。そうすると

今度は、

「ママ、頭じゃなくって、手は背中！」

と言われてしまいました（笑）。

中学生になった娘が、そこまでストレートに自分の気持ちを言えるようになったのは、本当にすごいことだと思います。これって、**私に愛されている自信がなかったら、言えなかったこと**ですよね。もし断られたら、とても悲しいことですもの。

私としては、それがものすごく嬉しくて！　今でもそのことを思い出すたびに、目頭に嬉し涙が浮かびます。

こんなダメなママだと思っていた私でも、娘には愛情がちゃんと伝わっている……。それが今の私の大きな自信になっています。


ママたちはみんな、多かれ少なかれ悩みを抱えています。でも、

「こんなママでごめんね」

と自分を責めるのをやめて、許していくことで、自分自身も子どもも大切にしていけるのです。あなたもそう信じて、ハッピーママを目指しましょう！

第６章まとめ

・自分を満たすための基本は、やりたくないことはやめ、やりたいことをやること。
・ママが笑顔で自分の「好き」「楽しい」を最優先していけば、子どもも自分に愛情を注げる子になる。
・自分が自分の一番の味方でいれば、他人の評価は気にならなくなる。
・ママが「自分の一番の味方」でいることで「わが子の専属カウンセラー」になれる。

終章

とも花先生
誌上カウンセリング

——自分の古傷を知ったママたち

ケース1

どうすればイライラと罪悪感をなくせるの？

幼稚園年長（6歳）の男の子がいます。私は仕事をしていることもあり、常に時間に追われていて、子どもがグズグズして予定どおりにいかないようなことがあると、すぐにイライラして声を荒げて叱ってしまいます。そうすると息子も、最近は私の顔色をうかがって、「ごめんね、ママ。大好きだよ」と言うように。私にも【短所こだわり型】の傾向があるのか、その顔を見て、「ああ、またやっちゃったな」と反省する――そんな毎日の繰り返しです。

私が時間をうまくコントロールできないせいで、子どもにイライラをぶつけてしまっている。そのことがわかっているのに、どうすることもできない自分もいて……。どのようにしたら、このイライラをやめられるでしょうか？

イライラする私と「ごめんね」と思う私

ママ　とも花先生、よろしくお願いします。私、最近、子どもにものすごくイライラしてしまうんです。毎日「これは何時までにやって」というのを決めていて、そのとおりにならないと、子どもに「なんで、ボーッとしているの！」「ママは一生懸命やっているのに！片づけでもなんでも、自分でちゃんとやってよ！」って怒ってしまうんです。

とも花先生（以下TF）　ママ自身は、子どものころは時間をちゃんと守る子だったのですか？

ママ　はい。そうでした。というのも、私の母は小学校の先生で、うちは私と三つ下の弟の二人きょうだいなんですけど、子どもたちにとても厳しかったんです。時間についてもうるさかったですね。

TF　ママはお母さんのことを、どう思っていましたか？

ママ　母に対しては、敬語を使ってしまうぐらい「怖い」と思っていましたね。母の言うことには逆らえなかったです。だから、いつも母の言うとおりの〝いい子〟を演じていました。**自分の本当の気持ちが言えなかったり、母が喜ぶような言い方しかできなかったり、親が喜ぶから勉強も頑張ったり……**という感じです。

TF ご自分のお子さんに対してはどうですか？

ママ 子どもには、すごく自由にさせてあげたいと思っていて、緩くしている部分もあるんですけど、気づくと母と同じようにしていることもあって。親の締め付けなんてなくしてあげたいのに、時間に追われると、どうしてもイライラして怒ってしまうんです。

TF 最近、何か気になったことはありますか？

ママ この間、うちに4軒ぐらいの友だちの家族を呼んで、パーティみたいなことをしたんですよ。そのときに息子が、来てくれた子たちに家にあるオモチャやぬいぐるみを、私には何も言わずに、勝手にいくつもぽんぽんとあげちゃったんですよ。親子で動物園などに出かけたときに、息子に「ほしい、ほしい！」とさんざんせがまれたから買ってあげたのに、なんの躊躇もなくあげていたんです。

みんなが帰ったあとに「なんであげちゃうの？」と、息子をすごく怒ったんですけど、子どもは「お友だちがすごくほしいって言っていたし、喜ぶと思って」と言って。それを聞いて私は、「一人っ子だから、物を与えすぎたのかな」と、とても反省したんです。

TF　**お子さんを怒っちゃったけど、ママとしても、甘えさせすぎたという罪悪感があったんですね。**

ママ　そうですね。罪悪感がありましたね。

お母さんにもっと笑ってほしかった

TF　今から私が言う言葉を、私に続いて口に出して言ってもらっていいですか？

ママ　はい。

TF&ママ　お母さん、私、頑張りたくなかったよ。
いい子の私じゃなくても、認めてほしかった。
本当はもっと優しくしてほしかったよ。
自由にできないの、苦しかったなあ。
自由にさせてほしかったなあ。
お母さんにもっと甘えたかったなあ。
頑張れない私でも、許してほしかったなあ。

お母さん、そのままの私でも許して。
いい子でない私でも許して。
お母さんに許してもらえないの、寂しかったなあ。
お母さんにもっと笑ってほしかったなあ。
お母さんが怒るの、怖かったなあ。
もっと一緒に笑いたかったなあ。

TF これは**インナーチャイルドワークといって、本書の第2章のワーク④（83ページ）にも出てくる、子どものころを振り返って、そのときの感情を感じ取る練習**なんですね。今、実際に声に出して言ってみて、どんな感じがしましたか？

ママ 子どものころのいろんなことを思い出しましたね。とくに「お母さんにもっと笑ってほしかったなあ」という言葉には、すごくジーンとしてしまって、胸がとても熱くなりました。

甘えたくてもはねつけられるのが怖かった

TF　ワークをしながら、どんな場面を思い出しましたか？

ママ　小さいときの、台所にいるお母さんと私の姿が見えました。

TF　台所に立っているお母さんは、どんな表情でしたか？

ママ　きりっとした表情で、てきぱきと料理をしている感じですね。

TF　お母さんは、子どものあなたを見ていますか？

ママ　いいえ、見ていないですね。私に背中を向けています。

TF　子どものあなたは、料理に集中しているお母さんの背中だけを見ているんですね。どんな顔をしてお母さんを見ていますか？

ママ　ビクビクしながらも、私がそこにいることを認めてもらいたいような……。もっとお母さんに甘えたいという感じでしょうか。

TF　本当は甘えたいけれど、お母さんの背中に向かって「甘えたい」と言ったら、なんて言われそうな気がしますか？

ママ　「今、忙しいから、あとでねっ！」と言って、はねのけられそうですね。

TF　はねのけられたら、どんな気持ちになりそうですか？

ママ　ものすごく傷つきそうですね。

TF　**本当に言いたいことを言うと、自分が余計に傷つく**という感じですね？

ママ　そうですね。だから、そういう気持ちに蓋をしていたんだと思います。平気そうなふりをして仮面を被っていたというか。

小さいころの自分を子どもに重ねていたんだ

TF　平気なふり、寂しくないふりをしていたんですね。**本当の気持ちとやっていることが、いつも違う**んですね。本当は寂しいのに、平気なふりをしちゃう。実は悲しいのに、お母さんから求められているのは〝いい子〟だから、大丈夫というふりをしちゃう。

でも、**苦しいのにいつも自分に嘘をついていた**から、ママが怒っているのに息子さんが「ママ大好き」と言うのを聞くと、「この子、ほんとは何か言いたいことがあるんじゃないの？」「怖かったり、悲しかったりしているのに、嘘をついているんじゃないの？」と思ってしまうんですね。**小さいころの自分を息子さんに重ねて見ている**んですよ。

ママ　そうなんですね。気づかなかったです。

TF　息子さんのそういう顔を見ると、「私のせいで言わせちゃっている」「嘘をつかせちゃっている」と思うんですよね。

ママ　もっと反発してくれてもいいのに、とも思います。素直に「ごめんね」って言われちゃうと、かえって「申し訳ないな……」って思うんですよね。

TF　**「もっと言ってもいいのに」と思うのは、ママ自身が子どものころ、もっと言いたかったから**なんです。自分が言えなくて苦しかったから、「あなたも苦しいんじゃないの？」と思ってしまうんですよね。

ママ　確かにそうですね。全然気づいていなかったです。

TF　今でもその心の癖をもっているので、「こう振る舞ったほうがいいかな？」「こう言っておいたほうがいいかな？」と、自分の本当の気持ちを隠して、相手に合わせてしまうことはありませんか？　「寂しい」「イヤだ」って、言えますか？

ママ　夫には本音をなんでも言っているんですけど。母には、ちょっと言えそうにないですね。以前と比べれば、大分関係性もよくなっているんですけど。

ずっとお母さんに気をつかって生きてきた

TF お母さんとは、昔よりは接しやすくなっているんですか？

ママ はい。母の厳しさがイヤでずっと家を出たいと思っていて、一時期は一人暮らしをしていたこともあるんですが、父が亡くなって、弟も会社の転勤で家を出てしまったので、母が一人になってしまうと思って、実家に戻りました。
結婚してからも、娘がそばにいたら母も嬉しいのではないかと思って、近くに住んでいます。

TF 自分で近くに住むことを選んだのですか？

ママ はい。

TF お仕事のときはお子さんを預けたりしているんですか？

ママ いいえ。近くに住んではいるんですが、母にはあまり頼れない感じですし、遅い時間に行き来するのもイヤがるので、幼稚園からのピックアップも、どんな大変なときでも、私が仕事を終えてからしています。

TF　お母さんにはいまだに気をつかっているんですね。**それでずっと来てしまっているから、当たり前になっている**んですね。

ママ　ああ、そっかあ。今でも私、気をつかっているんですね。自分では気づかなかったです。

TF　弟さんとはどんな関係ですか？

ママ　今は社会人になって、お互いに忙しいですから、連絡はあまりとっていませんが、小さいときは、ほとんど私が弟の世話をしていました。あのころは、私がいないとどこへも出かけられない感じで、いつもあとについてきて、私が友だちと遊ぶときも一緒でした。

TF　それは、お母さんに言われていたからですか？

ママ　いいえ、私からやっていました。弟の保育園へも、私、小学生でしたけど、家が近かったので迎えに行っていました。それで、いつも保育士さんから「ご両親に迎えに来てもらいなさい！」って怒られて、「すみません」と言いながら、毎日私が行っていました。

TF　大人でも迎えに行くのは大変なのに、小学生の子どもが行くのは、ものすごく大変だったと思いますよ。保育士さんからも怒られるし。それでもイヤとは感じなかったんですか？

ママ　そうですね。それが当たり前だったので。

子どもが反発してくれないと不安

TF　息子さんに、本当は言いたいのに言っていないことはありますか？　実はそうは思っていないのに、頑張って「ママ、大好き」と言っているように見えるのが心配だとか、本当は悲しいんじゃないかとか。

ママ　私を怒らせないように「ママ、大好き」と言うのは、ちょっとズルイと思うこともありますね。息子には「大好き」じゃなくって、「ママ、そんな言い方をしないでよ」と言ってほしいのかもしれません。

TF　本当に思っていることを言ってほしいということですね。

ママ　反発してほしいというか……。

TF　反発してくれないと、不安なんですね。

ママ　私自身が言えなかったから、その分、息子には言ってほしいんだと思います。

TF　「子どものころの、言えなかった私みたいになっているのではないか？」ということなんですね。

気にすればするほど厳しいお母さんを思い出す

ママ　今、子どもにピアノを習わせているんですが、家で練習するときに結構厳しく言ってしまうことがあって、「厳しすぎたかな……」と反省することが多いんです。でも、息子に聞いてみると、「別に。全然厳しくなかった」と言うんですよね。

私が子どものころは、ピアノの練習で1小節間違えるだけで母にバシッと手を叩かれて、すっごく怖かったんです。だから自分の子にそこまではしていなくても、「言いすぎたんじゃないか？」「厳しすぎたんじゃないか？」と反省してしまうんです。子どもにとっては平気なことでも、いちいち気になっちゃうんです。

TF　自分が苦しかったからこそ、「あんなお母さんになってはいけない」と思ってしまうんですよね。だから「あ、またお母さんみたいになっちゃってる」と、いつも比べてしまう。気にすればするほど、厳しいお母さんを思い出すんです。

それは**否定命令**（154ページ）**といって、「お母さんみたいになってはいけない、いけな**

い」と思えば思うほど、それを自分に命令することになるから、お母さんみたいになってしまうんですよね。

ママ　えっ！　気にすればするほど、そうなっちゃうんですか？

TF　だから、**「お母さんみたいになってはいけない」ではなく、「お母さんみたいになっても、ならなくても、どっちでもいい」と思えるようになると、問題だと思っていたことが問題ではなくなる**んです。

これまで言えなかったことを言ってみる

TF　どうしてママが、今、息子さんの子育てで苦しんでいるのかというと、子どものときからずっと、お母さんに「怖い」「イヤだ」と本当に言いたかったことが言えなかったからなんですね。

でも**だからこそ、ママ自身が子どものころに傷ついたままの心に気づいてあげられるチャンス**なんです！

目の前の顔色をうかがうお子さんにイライラしたり、「ごめんね」と申し訳なくなったりと、心を刺激されることで、「お母さんに言いたいことを言えなくて、寂しかったよね」と自分をわかってあげて、「本当に言いたかったことを、もう言っても大丈夫だよ」と、許してあげるチャンスなんです。

これからは、「もう言ってもいいよね」と、自分に言わせてあげるようにしていく。お母さんだけでなく、まわりの人にもそれを言うようにしてみて。そうしていくうちに、子どものときのお母さんも許せるようになり、「たとえ私がお母さんのようになったとしても、息子もきっと、本当に言いたいときは言ってくれるだろう」と信じられるようになるんですね。

ママの場合、**自分が本当のことを言えないから、「この子もそうなんじゃないか？」と疑いたくなる**のです。

ママ　ああ、子どもは自分の鏡なんですね。

TF　そうなんです。**ママが本当のことを言えるようになると、今度は「この子もきっと言ってくれる」と思えて、それが鏡のように子どもに映って見える**んですね。そうなれば、たとえママ自身が怖いお母さんになったとしても、「大丈夫！」と思えるんです。

ママ　まずは自分を解放していく、ということなんですね？

TF　そうですね。**子どもにとって「お母さんが怖い」というのは、「嫌われるのが怖い」ということ。お母さんが大好きだから、嫌われるのが怖いんです。**その「大好きだから」というのを、お母さんに伝えられたらいいんですよね。

ママ　子どものときは、「お母さんが怖い」という思いが強すぎて、好きとか嫌いとかの感覚はありませんでしたね。

TF　ただ怖い、ということですものね。家にいさせてもらうためには、言うことを聞かなきゃって。

ママ　そうなんです。

TF　だから、子どものころの「怖かった」という気持ちを今、感じてあげて、「頑張ってきたよね、私」と言ってあげることが大事なんです。

厳しさと優しさの間で揺れる心の癖

TF　**ママは子どものころからずっと、「厳しくあるべき」「しっかりするべき」というような、〝お母さんの法律〟で生きてきたん**ですよね。それがあるから、自分の子育てに関しても、自分の意思で優しい方向を選ぼうとするけれど、途中で不安になって、やっぱり慣れ親しんだお母さんの法律どおりの厳しい方向に戻りたくなるのです。それは、ママの心の癖なんですよね。

だから「私が甘えさせすぎたんじゃないか」と自分を責めてしまうのも、お母さんの法律に戻らなくてはいけないと思って、無意識にやってしまうことなんです。

ママ　ああ。

TF　でも、また「厳しすぎてもいけない」とも思うわけですよ。そうやって自分をものすごく縛っている。そういう〝自分のちょうどいい〟ところに子どももいてほしいから、息子さんも縛ってしまうんですね。

ママ　母も共働きでしたが、親に頼ったりせずに、自分の時間もつくらずに一人で子育てをやっていた。家事も完璧で、ご飯は全部手づくりで、朝も夜もきちんとつくって、部屋も全部綺麗にしていたんですね。私は**それをずっと見てきているので、それが〝母親像〟として自分の中にある**んです。

でも、実際は私自身がそれをできていないから、反省点もいっぱいあるし。

TF　そうですよね。お母さんみたいになるべきだと思っているんですよね。

ママ　そうなんです。心のどこかに、いつもそれがあって。

TF　ちゃんとしたママであるべき――お母さんみたいにしていないと、怒られていたし、お母さんの法律どおりに生きないと、厳しくされたり、怒られたり、叩かれたりしていたから、お母さんの法律を守るべき、お母さんみたいであるべきだと思っていた。でも、それがイヤという思いもあるから、お母さんみたいにはなりたくない自分もいる。**どっちの自分もいるから、すごく苦しい**んですね。

ママ　そうですね。母のようにしたくても、家事は完璧にできないし、ご飯もすべて手づくりとかは無理だし、自分らしく自由に生きたいというのもあるし……。

今が〝反抗期〟を始めるとき！

TF　本当は自由にしたい、ちょっと楽をしたいと思っているのに、それを止める自分がいるんですよね。**「ダメダメ！　お母さんみたいにならないと！」と思って、自由にしたい気持ちを抑えようとするから、お母さんみたいにご飯を完璧につくれないと、自分を責めたくなる。**

でも逆に、お母さんの法律どおりにしようとすると、それも苦しくて、自由に生きようとする自分を責めてしまうんです。

だから、今が反抗期を始めるときなんです。

ママ　ええっ！　反抗期ですか？

TF　今までお母さんに反抗できなかったですよね？　お母さんとは違うことをするとか、反対の意見を言うとかが許されなかったわけですから。

ママ　はい。

TF　**親子といえども別個の人間なのですから、お母さんと違うことをしたいのは当たり前のこと**なんですよね。

けれど、違うことをしたいというのをずっと自分に許してこなかったのですから、今、それを始めるときなんですね！

お母さんみたいに家事は完璧にできなくっても、自分の仕事は楽しいし、仕事も家庭もほどよくやっていきたいといったような、**〝お母さんと違うことを選ぶ練習〟を始める！**

ママ　はあ～、なるほどね。

モヤモヤしたときがチャンス！

TF　でも、頭の中にはまだ自分を責めているお母さんがいて、怖いですよね？

ママ　そうそう。今でも「母親なんだから、このくらいのことはやりなさい」というようなことを言われているので。

TF　**そういうときは、「じゃあ、私はどうしたいの？」と、自分に問いかける。**お母さんの言うことを聞いてきた、今までどおりの自分で生きていくのもいいし、「お母さんは心配して言ってくれるかもしれないけど、私はこうしたいんだ！」と、自分の道を歩み始めるのもいい。**それを自分で選べる**んですよね。

これまでとは違う選択をすると、道を外れるみたいで怖いですよね。でも**今は、お子さんがママの感情を揺さぶらせて、「お母さんとは違う人間なんだよ」「自分らしく生きていいんだよ」っていうことを教えてくれている**んですよね。

ママ　その言葉、胸にグサッと刺さりますね。

TF　お母さんにワアーッと何か言われて、今までの心の癖でそちらのほうに行きそうになることもあるでしょう。

でもそのあとで、**心がなんだかモヤモヤして「いや、お母さんは、ああ言っているけど……」と思うときがチャンス**なんです！　なぜかというと**それは、本当の自分に気づこうとしているサイン**だから。

だから、あとからでいいからお母さんにそのときの気持ちを言ってみるとか、それまでとは違う選択をしてみる。そうすると、「あ、ほんとは私、こっちがしたかったんだ！」「じゃあ、こっちをしてみよう！」と、**〝自分はどうしたいのか〟を選んでいけるようになる**のです。

そうしていくうちに、「お母さんはどう思うのか？」ということに縛られ続ける人生ではなく、自分の人生を生きられるようになっていきますよ。そうやって**ママ自身が〝自分のしたい〟をかなえられるようになると、「この子もきっと、ママがなんと言おうと〝自分のしたい〟をかなえられる子になる！」と信じられるようになる**んです。

ママ　まずは自分ですね。

TF　そうですね。まずは反抗期から始めましょう！

ママ　はい！

とも花先生からのアドバイス

お母さんの法則に縛られて〝本当の自分〟になれずに自分に嘘をついたまま、子育てに悩んでいるママはとてもたくさんいます。このケースのママのように、小さいころからそれが当たり前になっているので、そのことに気づかないのですね。

本書で言えば、【他人の目が気になる型】【短所こだわり型】。他人の目とは、お母さんの目そのもの。それに縛られている自分の姿が目の前にいる子どもの中に映って見えて、イライラとともに罪悪感が募るのです。

このケースのママの場合は、子どもが「ごめんね、ママ。大好きだよ」と、ママの顔色をうかがうように言った言葉を聞いて、揺れ動く自分の感情に少しずつ気づき始めた。**子育て中のイライラがサインになって、子どものころの感情を振り返ってみたら、怖かったお母さんに言いたいことが言えず、本当にやりたいことができないまま、今も「私の犠牲のもとにお母さんの幸せが成り立っている」と思い続けている自分に気づけたんですね。**イライラのサインが、本当の自分として生きていないことを教えてくれたのです。

あとはそのサインに気づくたびに、

「ガマンしていないかな？」

「頑張りすぎていないかな？」

と自分に問いかけてみる。

それを繰り返していくうちに、

「私は本当はどうしたかったんだろう？」の答えが見えてくるようになります。そうすれば、お母さんファーストではなく、自分ファーストになっていけるのです。

とはいえ、このケースのママのように、小さいころからずっとお母さんの法律の中で生きてきて、自分の行動の前提が「頑張ってお母さんを幸せにする」「私がガマンすることでお母さんに喜んでもらえる」になっていると、自分ファーストにするのにも、とても勇気がいることでしょう。

だから、そこは子どものためにも思いきって、**自分の行動の前提を、**

・私が自由に好きなことをすればするほど、お母さんは幸せになる!

・私のガマンがお母さんの幸せではなく、私の幸せがお母さんの幸せ!

に変える。これまでずっと信じてきたことを、ひっくり返すんですね。

そうすると、長年もち続けてきた「お母さんを喜ばせるためにガマンしなきゃ」と思う心の癖にもすぐ気づけるようになって、「違う違う。私が幸せなのがお母さんの幸せ。お母さんのためにも、自分を喜ばせよう!」と思えるようになるのです。

ママが「私がガマンすると、まわりも幸せになる」と思っていると、子どももその生き方の真似をします。「ママもああやっているんだから、僕がガマンしないと、ママは喜ばないんだな」と感じてしまうんですね。

子どもが顔色をうかがっているように見えたり、「大好き」と無理をして言っている

ように思えたりしたときは、ママ自身が自分に嘘をついているとき。

だからそんなときは、

「違った違った。私の幸せがまわりの幸せだった」

と、自分の行動の前提を選び直しましょう。そうやって**ママが変わっていくことで、子どももちゃんと変わっていく**のです。

私の場合、**以前の心の癖が出てきて「ああ、やっちゃったなあ」と思うときこそ、「やったあ！　偉い、偉い！　自分の道を歩めている！」と、自分を褒めることにしています。**そうやって楽しく「私の人生を歩んでいる！」という感覚になると、自分を責めなくなるんですね。

子育てで何か心に違和感――**イライラやモヤモヤを感じたときこそ、「本当の自分に戻るチャンス！」だと思う。**そうすれば、きっと楽になれますよ！

ケース2

子どもをどうしても見張ってしまう！

小学校5年生（11歳）の女の子がいます。今のところ娘には何も問題はないのですが、私には【思いどおりにしたい型】の傾向があって、常に「もっと早く早く！」と急かしたり、学校のテストでもいい点をとらなければ「もっとできるはず！」と過度に期待したり。最近は娘もそのことに気づき始めていて、「私はママが思っているような子じゃないよ」と言われ、私としても「この子をどう育てていきたいんだろう？」と、わからなくなっています。

先日も、娘が突然、中学受験のために通い始めた塾を「やめたい」と言い出してビックリ。私としては娘の将来を考えると、中学受験はどうしても諦めきれないのですが、夫からも「受験のことだけじゃなく、娘の意思をもう少し尊重したほうがいい」と言われてしまいました。どうしたらいいでしょうか？

本当はお母さんにかまってほしかった

ママ　とも花先生、私の場合、母とは何も問題がなかったので、娘に対してどうしていろいろとやってしまうのか、ほんとに不思議なんです。

とも花先生（以下ＴＦ）　実際に娘さんの勉強はどうなんですか？

ママ　小学校５年生にもなると親としてもだんだんわかってきて、テストも「１００点じゃないとダメ」と言ったことはないんですが、「あれ？　なんでここを間違えたの？」と指摘したりしています。できているところはすごく褒めて、できていないことに関しては「あれ？　どうして？」っていう感じです。

ＴＦ　ということは、「できるはず」と思っているんですね。ママ自身は、お母さんからそういう風に言われなかったんですか？

ママ　はい。「勉強しないさい」とは一度も言われませんでした。母は当時から仕事をしていて忙しかったので。

ＴＦ　何人きょうだいですか？

ママ　三人で、私は真ん中です。一つ違いの兄と四つ下の妹がいます。

TF　あ～、お母さんにかまってほしかった、というのはないですか？

ママ　私が小学校一年生のとき、お母さんに「おんぶしてあげる」と言われて、すっごく嬉しかったのを、今でもはっきり覚えています。私は「いいよ～。もう大きいから～」って言って。今から思うと、お母さんにかまってほしかったのかも。

TF　**自分がしてほしかったけれど満たされなかったことを、今、お子さんにしてあげているんですね。**お子さんをかまってあげられているから、**小さかった自分が喜んでいるん**です。

ママ　そうなんですかあ。何も問題ないと思っていたんですけど。

TF　今はお子さんのダメなところを指摘しているけど、そうやってかまうことができているわけじゃないですか。指摘することでもいいから、お母さんにかまってほしかったのかもしれませんね。

ママ　そうですね。母はテストとか通信簿をちゃんと見てくれなかったですもの。見せても、なんにも言われなかったんです。

TF　かまってもらえなくて、「私のこと、どうでもいいのかな？」って、少し寂しい気持ちがしたのかもしれませんね。

ママ　あるんですかね、もしかしたら。子どものころは、それが当たり前と思っていたんですけど。

TF　小学校一年生のときのおんぶが印象的っていうのは、すごく特別なことだったのでしょうね。「甘えられたことがとても嬉しかった」ということは、**日常でそれを感じられなかったから、特別なことになっている**んですね。

ママ　邪険にされた記憶は全然ないんですけど、とにかく放任で、私が小学生のころはおやつも、ポテトチップスを1日1袋、いつも一人で食べていたんです。1袋ですよ？　食べすぎじゃないですか。そのせいか、子どものころはちょっと肥満気味でしたし。

TF　小さかった自分が「私、こんなに食べて、おかしい！」って思っていたということですよね？　「なんでお母さんは、そんなおかしい私に気づいて止めてくれなかったの？お母さんがもっと見てくれれば、こんなおかしな私にならなかったのに」というほど、お母さんのせいにしている意識はないんだけど、**「お母さんにかまってもらいたかった」と、どこかで思っている**んですよね。

イヤだった自分に対するちょっとした寂しさ

ママ　で、今は、子どもにはお皿にポテチを10枚ぐらい取り分けて、「これだけね♡」って言ってあげています。

TF　ポテチって、放っておいてもそんなに食べられるものでもないのに、わざわざ10枚に限定しているんですね。

ママ　最近は友だちにもらったベビースターが美味しかったらしく、それが食べたいというので買ってあげて、あんなに小さい袋でも、やっぱり「今日はこれだけね♡」って言って分けています。でも、1袋をずっと食べ続けることって、ないですよね。娘を信じていないのかも。見張っていないとずっと食べ続けるかもって。

TF　小さいころ、肥満気味だったという、**〝イヤだった自分〟に対する、ちょっとした恐怖、寂しさ**ですよね。

ママ　うちの子、習い事も、私がやれなかったことを結構やらせていて。洋服も、着せ替え人形のようなんです。実は私、兄のお下がりだったんですよ。女の子なのに、茶色や紺色の服ばっかりで。

TF　そういうことに対するちょっとした寂しさって、無意識のうちに感じていたりしますよね。恨むほどではないけれど、「欲を言えば私のために服を買ってほしかった」とか「肥満気味になるほど、ポテチを食べさせないでほしかった」とか。

ガマンしていることに気づかなかった

ママ　そっかあ。修学旅行のとき、持ち物を新しくするじゃないですか？　あのとき、新品の服を買ってもらえて嬉しかった記憶がありますね。

TF　「いつも新品がほしい」って、お母さんになんで言えなかったんでしょう？

ママ　母が忙しかったというのもあるんですが、母に「悪いな」と思って。でも、いい子だったわけじゃないんです。何かあればワアーッて泣いて、大騒ぎして。

TF　それはもしかしたら、小さいころに、普通に言ったら聞いてもらえなかったのかもしれませんね。お兄ちゃんもいるし、激しくワアーッて言わないと、自分のほうを見てもらえなかったのでは？

ママ　そっかあ。うちの子は絶対にそういうこと、しないんですけどね。

TF　新品の洋服をおねだりするのはお母さんに悪いし、お母さんはいつも仕事で忙しいしという、ちょっとした遠慮が積み重なった結果、「でも言いたい！」と、ワアーッてなるんですよね。でも、**そのガマンが当たり前すぎて、ガマンしていること自体に気づいていない。**

ママ　娘を育てていて、「なんで私、子どものころ、あんなにワアーッて騒いでいたんだろう？」って思っていました。兄とも激しくケンカしていたし。

TF　お母さんに、見てほしかったんですね。

ママ　アイスを食べたくても母に頼めないから、妹に「アイス、食べたいよね」って言って、妹から頼んでもらって。そのくせ、娘にはガマンさせていて。

TF　どっちもあるんですね。手をかけることでかまってあげたいというのもあるし。ママが三人きょうだいの間で親にかまってもらえない環境で育ったので、娘さんは一人だからかまってあげられるし、幸せだろうというところもありますね。

ママ　娘にはすべてを注ぎ込んでいます。だから、今は**私自身が毒親にならないかと、不安**なんです。

「仕方がないよね」が私の心の癖

TF　このあとのカウンセリングで私がフォローしますので、今からお母さんに、ご自分の気持ちを伝えるのはいかがですか？

ママ　母は今でも忙しいので、電話をしても「ちょっとごめん、忙しいから」と切られてしまうんです。でも、以前母に、私の子どものときのことを聞いたことがあるんです。そうしたら、「仕方がなかったんだよ。忙しかったし」と言われて。それで私も「確かに、仕方がなかったよね」と思ってしまって。

TF　それ……あなたの子どものころからの心の癖かもしれませんね。**「仕方がなかったよね」と自分を収めて、お母さんを優先させていた**んですね。

「三人きょうだいの真ん中だから、新しく買ってもらえなくてガマンするのも仕方がないよね」「お母さんは仕事で忙しいから、かまってもらえなくても仕方がないよね」——そうやって**「仕方がない、仕方がない」と初めから自分を諦めさせることで、寂しさや、してほしいことを、無意識に抑えつけているんです。頭で考えて、気持ちを抑えている。**

私を優先させればお母さんも幸せになる

ママ　母に「もうちょっとこういうことをしてほしかった」ということを言ったこともあるんですよ。そうしたら母は結構ショックを受けていて。それがわかって私も、母もいっぱいいっぱいの状態で、それこそ仕方がなかったんだなと思って。

TF　**「私が主張すると、お母さんが可哀想。お母さんに申し訳ない」と思っていませんか？**　あなたが本音を言うと、お母さんを傷つけてしまうと思っている。それもあなたの心の癖なんですね。

ママ　そうですね、確かに！

TF　だから、その心の癖をひっくり返しましょう！　**魔法の言葉として、「私が主張すればするほど、お母さんもますます幸せ♪」とつぶやいてください。**で、**電話を切られそうになったら、「私、もう少し話したいから、もうちょっといい？」と言って、自分をちょっとだけ優先させる練習をしていけばいいんです。**

ママ　そうですね。今度、トライしてみます。私自身は、このままいったら娘のママとして、ろくなことにならないと思っていますので。

事実は一つで、それをどう思うか

TF　話を戻しますが、娘さんはママが「おやつのベビースターはこれだけにしようね」って言うと、なんて答えるんですか？

ママ　「ありがとう！」って言います。食べられるだけで感激しているみたいで。

TF　「全部ほしい」とも言わないし、お皿に分けても何も言わないんですか？

ママ　はい。

TF　それを見て、どう思いますか？

ママ　ちょっと可哀想ですよね。信頼していれば、袋ごとあげても全部食べることはないと思えるだろうに。たぶん私は、完全には信用していないんだと思います。

TF　事実は一つで、それをどう思うか（150ページ参照。「コントに気づく」）なんですね。**子どもに対して「信用していないから、規制してしまう」と思うということは、自分のこともそういう風に思っていたということ**です。

子どものころのあなたは、「お母さんに放置されているのは、信用されているからだ」と思おうとしていた、ということなんです。信用してくれるんだから、望んではいけないと思ってしまう。ということは……「信用してくれていない」という気がしたことはありますか？

ママ うーん。信用されているとは思っていませんでしたね。

TF 何もされていないから、信用されていないって、思ったんですか？

ママ 見てもらっている感じがなかったですね。私の母に関しては信用も何も、私をあまり見ていなかったと思います。私がやっていることをわかっていない感じ。

本当は気づいてほしかった

TF 「この子は大丈夫」と思って放っておかれたのではなく、そもそも見ていない気がしたんですね？　ということは、自分のことをどんな風に扱われている気がしていましたか？

ママ まったくかまわれていない、というところまではいっていないんですけど……。ま、それも「仕方がない」っていう感じです。

TF **お母さんが見てくれないのは、本当は悲しい。けれどあなたは、その気持ちが表に出てこないように、「仕方がない」で抑えてきたん**ですね。

ママ そうですね。だから妹は手をかけられているという記憶がすごくあって。私、妹がピッカピカの三輪車を新しく買ってもらったのを見て、「私はお兄ちゃんのお下がりなのに、なんで⁉」とカーッときて、妹を突き飛ばしてケガをさせたことがあるんです。でも、怒られなかった。私はやっていないって、言い張って。

TF 怒られなくても「私を信じてくれた」とは思っていないわけですね。「見ていないくせに、なんでなんにも言わないの？」「私がなんで妹を突き飛ばしたと思ってるの？」と、本当は気づいてほしかったのではないでしょうか？　突き飛ばすほど悲しかった気持ちに気づいてほしい。なのに「なんで怒らないの？」と、そこでもやっぱりガッカリしたのかもしれませんね。

ママ そうですよね。確かに。おかしいですよね？　バレないなんて。

TF **本当は気づいてほしいんですね。「こんなに寂しいのに」って。**だから、派手なことをして、嘘までついて。なのにそれでもお母さんは怒ってくれない。私のことなんて、どうでもいいんだ。私の寂しさには、気づいてもらえないんだと。
それでまた、自分を諦めさせる。「寂しい」という感情が湧いてきても、「仕方がない、お母さんは仕事で忙しいから、仕方がない」と言って抑えるんですね。それも、お母さんに言ってみたらいいんじゃないですか？

ママ でも本当に、ビックリしたんです。「なんだ、この自転車は!?」って。

TF それだけ根にもつほどイラッとしてるのに、言えない。**それが言えていないから、心の傷が癒えないん**ですね。

お母さんに直接言えないとしても、**自分で口に出して言ってみるだけで、気持ちがスッキリするし、全然違ってきます**よ。

子どものことを把握しておきたい

ママ それが今、自分の娘にやっている締め付けだったりするんでしょうか？　一応、ものわかりのいい親のつもりでやっているんですけど。

TF 同じ親子でも、大人になってもなんでも言い合えるとスッキリするんですよね。それが言えていないと、すごく溜まってしまうんですね。
　本当は**母娘のぶつかり合いは、反抗期とかにやっているはずなんですけどね。でも、そのときにガマンして言わなかったから、ママになって子育てをしているときに出てくるん**です。

ママ　私、学校のこととかが気になって、根掘り葉掘り聞いてしまうんです。娘もそれがわかっていて、最近は話したくなさそうなときが結構あって。でも、娘のことを把握しておきたいんですよね。

TF　把握していないと、どうなっちゃうんですか？

ママ　「一見いい子なんだけど、実は……」っていうのがないのかと、疑っているんです。

TF　疑っているんですね？

ママ　あと、子どもとコミュニケーションをよくとっているようにはしているんですけど、娘の行動を結構見張っています。

TF　何かあったら、いち早く対処しようという感じですね。

心の底にずっと潜んでいた〝思い出し怖い〟

ママ で、今、中学受験をどうしようかと模索中なのですが、子どもは、ほかの習い事は結構楽しくやっていて、勉強も嫌いじゃないはずなのに、「塾に行きたくない」って泣きながら言ってきて。「どうして行きたくないの？」と聞いたら、「パパとママともっと一緒にいたい」と言うんです。だから、やめてあげたい気持ちもあるんですけど、将来のことを考えると、続けてほしい気持ちもあって……。

TF 尊重したい気持ちもあるけど、「でもなんか、心に引っかかっている……」っていう感じですよね。

ママ それに、ある程度レベルの高い中学校を狙うには、まだまだ勉強が足りない状況で。私自身、子どもを見ていて、「あれ？　成績が思ったほどではないかな？」と思い始めていて。

TF 今は「受験をするほうが絶対にいい」になっていますよね？

ママ 勉強に関しては、私の中に偏った考え方があるんですよね。夫からも、「あの子の前向きさを、あなたがダメにしている」と言われて。私の中の「こうあらねばならない」「こうしたい」という思いと、自分のコンプレックスがないまぜになったことを子どもにしていて、それに対する後ろめたさみたいなものもあって……。

TF　受験しない怖さがあって、旦那さんの言うことも聞き入れられないんですね。お子さんが受験しないと、どうなっちゃうと思いますか？

ママ　うーん。**娘には可能性があるから、それをつぶしてしまうのが不安**なんです。子どもは親の手のかけ方次第だと私は思っていて、可能性があることはすべて提示したいんです。不安のあまり、「あなたには、こんなものもあるよ、あんなものもあるよ」と、娘の将来にかかわることは、なんでもやらせている感じです。

TF　**その不安って、〝思い出し怖い〟なんです**よね。娘さんのせっかくの才能をフルに出させてあげられないのが不安ということは、**ママ自身が昔、それと同じ不安を抱いていた**ということなんですよね。

ママ　私が小学校2年生のとき、漢字のテストで〝東〟という字を〝車〟と書いてしまって、それがどうして間違えているのか、よくわからなかったことがあるんです。でも怖い先生だったので聞けなかったし、親も忙しくて教えてくれるような状況ではなかったので、

「私はすごく頭が悪いんだ」と思ってしまったんですね。それと同じようなことが算数でもあって。

勉強はそのあと一人で、苦しかったけれど本当に頑張ってリカバリしましたけど、あのつまずきがもとで、私の中に〝つまずいたバカな私〟という思いがずっと残っているんです。あのとき親がもうちょっとケアしてくれたらと思って。

TF　〝つまずいたバカな私〟と思ったとき、どんな気持ちでしたか？

ママ　**呆然としましたね。悲しくて、途方に暮れました。**

TF　その怖さを子どもに味わわせたくないんですね。

ママ　はい。だから今、家で夫が娘に「勉強を教えて」と言われて、楽しそうに教えてあげている姿を見ると、ホッとするんですよね。

TF　今、旦那さんが娘さんにやってあげていることを、子どものころの自分も親にしてほしかったんですね。でも、それを望むことさえ頭に浮かばないくらい、家では親に「東ってどう書くの？」という小さなことも聞けない状況だったし、学校の怖い先生にも聞けない中で、「こんなバカな私」っていう思いを一人で抱えて呆然としていたんですね。その怖さを子どもに味わわせたくないんですよ。

ママ　そうですね……。

TF　娘さんには、呆然としてほしくないし、一人で「わかんない」って苦しんでほしくない。だから、**今のうちになんとかしておかないと、娘さんは私が子どものときのようになってしまう。あんな悲しい思いをさせてしまう――そういう思い出し怖い**があるんですね。

ママ　そっかあ。思い出し怖いかあ。

そのままの私をバカにして、ごめんね

TF　ここまでのお話だと、娘さんは、イヤなときはイヤ、困ったときは困ったと、自分の思いを全部言えているんですよね。彼女はたとえ何かあったとしても助けてもらえるし、リカバリできる。ママのほしかったものや、こうなってほしいと望んでいることは、すでにすべて手に入れているんですよ。だから**救うべきは、娘さんではなく、ママ自身なんですよね。**

ママ　確かに！　では、どうしたら娘を見張らなくてすむようになりますか？　最近、娘

からも「もう私のことは見張らなくてもいいから！」って言われています。

TF 頭では見張りたくないと思いつつ、心の底では見張りたいから、やめられないんですね。だから、ママが**「お母さんのことは大好きだけれど、私のことを見てくれないお母さんはイヤ！」と思っているその「イヤ！」を感じてあげる。**自分の中にある怒りや悲しみの感情をちゃんと感じてあげるんです。

では、これから私の言う言葉を、あとに続いて言ってもらっていいですか？

ママ はい。

TF&ママ 見てくれないお母さんは大嫌い！
お母さん、もっと見てよ！
私のこと、もっと見てよ！
見てくれなくて、寂しかった。
もっと見てほしかった。
見てもらえなくて、寂しかった。
放っておかないでよ。
ほったらかしにしないでよ。

お母さんがほったらかすせいで、私、太っちゃったじゃない。
お母さんがほったらかすせいで、私、妹を突き飛ばしちゃったじゃない。
お母さんがほったらかすせいで、私、つまずいたじゃない。
お母さんのせいだ。
お母さんのせいでつまずいたんだ。
私ができなかったのは、お母さんのせいだ。
ほったらかすお母さんのせいだ。
私が悲しくて途方に暮れたのは、お母さんのせいだ。
お母さんが見張ってくれなかったせいだ。
私はお母さんみたいにならない。
だから私は見張るお母さんになる。
子どもにこんな思いをさせないために見張るお母さんになる。
私は見張るお母さんになると決めた。
お母さんみたいに悲しい思いをさせないお母さんになる。
本当はお母さんに見ていてほしかったな。

優しく勉強を教えてほしかったな。
食べすぎたときに、気づいてほしかったな。
妹をなんで突き飛ばしたのか、気づいてほしかったな。
勉強ができなくて途方に暮れているときに、気づいてほしかったな。
一緒に手伝ってほしかったな。
一人でリカバリするの、苦しかったなあ。
一人で頑張るの、苦しかったなあ。
助けてほしかったなあ。
助けてもらえないの、苦しかったなあ。
心細かったなあ。
つらかったなあ。
私、こんなに心細かったんだなあ。
一人で頑張るの、心細かったんだなあ。
ああ、怖かったなあ。
助けてもらえないの、怖かった。

助けてって言わせてあげなくて、私、ごめんね。
一人で頑張らせて、ごめんね。
心細い思いをさせたままにして、ごめんね。
助けてもらえないヤツだって決めつけて、ごめんね。
そのまんまの私をバカにして、ごめんね。
そのまんまの私を嫌って、ごめんね。
頑張りたくなかったら、頑張らなくてもいいよ。
助けてほしかったら、助けてって言ってもいいよ。
一人で頑張らなくていいからね。
今まで私を守ってきてくれて、ありがとう。

TF　これは子どものころに気づかなかった感情に気づいて、今それを感じ取る練習（インナーチャイルドワーク）なんですが、言ってみて、どうでしたか？

ママ　一番心に来たのが、「そのまんまの私をバカにして、ごめんね」です。ずっと自分をいじめていたんですね。

TF　自分をバカにし続けているから、なんとか変わらなきゃと思うんですよね。

ママ そのくせ子どもには、自己肯定感が高くなることを求めていて。

TF ママ自身の**心の中に自己否定しているものがあるから、子どもを使ってそれを挽回させようとしたり、自分に代わって夢をかなえさせようとしたりしてしまう**んです。でもそうすると、どこかにつまずきが起こる。そのままの自分を認められていないと、そのままの子どもも認められないんですよね。

だから、先ほどの言葉――**子どものころの感情をしっかり感じて、自分の中にある〝怖さ〟に気づいてあげることが大切なんですね。そして、怖かったり助けてほしかったりしたときに「怖い」「助けて」と言える練習を繰り返して、自分が自分の望みをかなえてあげる経験を、あなた自身にさせてあげましょう！**

そうすることで、「娘さんの受験をどうするか？」という問題についても、「娘はすでに自分のやりたいことも言いたいこともかなえられている子だから、大丈夫！」「受験してもしなくても、娘は自分の望みを自分でかなえていけるから大丈夫！」と思えるようになっていきますよ！

ママ はい。繰り返しトライしてみます！

とも花先生からのアドバイス

「母とは関係がよかったのに、何も問題がなかったのに、なんで子育てでつまずいてしまうんだろう?」

これは、私のところに相談に来るママたちからよく聞く言葉です。

自分では何も問題はないと思っていても、子どもを見張りすぎていたり、受験をやめるのが怖かったりと、ママ自身に心の偏りが現れているということは、そのきっかけが子どものころのお母さんとの関係であった、ということも多いんですよね。

このケースのママの場合は、子どもに過度の期待をしてしまうあまり、勉強の結果にガッカリしたり、理想どおりに育てようと誘導して見張りすぎてしまったりするのを、どうしても止められない自分がいる。自分ではやめたいと思っているのにやめられないのは、本当に苦しいですよね。

では、どうしてそれがやめられないのかというと、そこにたくさんの「怖さ」や「寂しさ」などの〝感情〟が隠されているから。だから、**子どものころに気づいてあげら**

れなかったその「怖さ」や「寂しさ」を今改めて感じて、〝そのままの自分〟をわかってあげるチャンスに変えていけばいいんです。

このケースのママが気づいていなかった感情とは、きょうだいの真ん中で育ち、両親も仕事で忙しかったために、お母さんにかまってもらえなかった「寂しさ」、妹を突き飛ばすほどの怒りや嫉妬を感じる自分に気づいてもらえない「怖さ」「心細さ」、そして、勉強につまずいて独りぼっちで悩んでいるのに、それをお母さんにケアしてもらえない「悲しさ」「不安」……。そんなにたくさんの感情を、幼い子どもが一人で抱えていたんですね。

このママの場合は、それらを感じてしまうのが怖いから、「仕方がない」と諦めることで、大人になった今でもずっと、その感情に触れるのを避けてきた。そのせいで、**子どもを通してその感情が浮き出てくる出来事が繰り返し起こってきたのですね。子どものころの「心細さ」や「怖さ」などが成仏していないから、娘さんが「塾に行きたくない」と言うと、すごく怖くなる**のです。

だから、このカウンセリングの中でも、インナーチャイルドワークの言葉として出てきましたが（226ページ）、**子どものころに感じていた感情を、心がスッキリするまで、繰り返し何度も言ってみる。**これまでずっと避けてきたそのときの感情を、今の自分に感じさせてあげるんですね。

そして、心細くて一人で泣いている自分を、

「そのまんまの私をバカにして、ごめんね」

「助けてって言わせてあげなくて、私、ごめんね」

と言って、大人の自分が許していく。

その作業を何度も何度も繰り返し、「そのままの私でいいよ」と自分を許せるようになってくると、子どもに対しても、「そのままのあなたでいいよ」と思えるようになるのです。

子どもが「お母さん、私のこと、気づいてよ～」と思うのは、自分の感情に気づいていないから。

「私って、こんなに悲しかったんだ」
「自分のことをこんなにバカにしていたんだ」
ということを自分が認めていないから、人に求めて、人からもらおうとするのです。

だから、**「認めてよ！ 気づいてよ！」と人にお願いするのではなく、まずは自分の感情に気づくことから始める。**そうすれば、これまで問題だと思っていたことが、実は問題ではなかったことがわかり、そこで終わるんです。**何回も何回も、「悲しかったね」「寂しかったね」と自分に呼びかけて、その感情を理解するようになると、ホッとして、人からもらおうとしないですむようになる**のですね。

そうやって自分が満たされると、今度は人にも言ってあげられるようになって、子どもにも、「そのままでいいんだよ」と言ってあげられるようになりますよ。

何よりもまずはママ自身が、子どものころの自分を許すことが大事なのです。

おわりに

最後に、もう一度言います。

あなたが悪いわけじゃない。あなたは特別おかしいわけでも、母性のない人でも、冷たい人でもない。「こんなママでごめんね」と、自分を責める必要はないのです。だから、子どものためにも、もう自分を責めないでいいんですよ。


「子どもの自己肯定感を高めたい！」

子育て中のママたちの間では、この言葉をよく耳にします。それは、ママ自身が自分を肯定できず、責めてしまう苦しさを知っているから。ママたちは、

「私みたいな人になってほしくない！　子どもは、自分を肯定でき、自分を好きでいられる人になってほしい！」

と強く望んでいるのです。

でも、私は言いたいのです。

子どもを肯定できるようになるためには、まずはママが自分を肯定できるようになることが大事。やっぱり、ママが先なんですね。

だから、子どものためにやってあげたいと思ったことを、ぜひ先にママ自身にやってあげましょう。そして、子どものためにやめてあげたいと思ったことを、ぜひ先にママ自身にやめてあげましょう。そのためにも、

ママが自分を許し、肯定できる練習をしていきましょう！

私は今、毎日のように子育てで悩み苦しむママたちと会っていて、切実に思います。自分を責めることに慣れてしまったママたちが、心の元気を取り戻せる休憩場所（安全基地）を全国につくりたい。ママたちが自分を肯定して、

「自分を責めなくてもいいんだよ」

「そのままの自分で大丈夫なんだよ」

「どんな自分でも価値があるんだよ」

と心から思えるそんな場で、私と一緒にママたちの悩みを少しでも解消していける人を増

やしたい。そこでは、まずはママたちが「肯定される自分」「許される自分」「存在するだけで価値ある自分」を受け入れる練習を繰り返していきたい。長年の心の癖で、自分が自分を信じられなくても、肯定できなくても、周りの仲間や一人でも自分を信じて肯定してくれる人の存在に救われるから。

シャンパンタワーの法則のように、ママが心のシャンパングラスに自分の〝好き〟や〝やりたいこと〟をいっぱいに満たし、それをどんどんあふれさせていければ、その分子どもの心のグラスもいっぱいに満たすことができるのです。ここでも、まずはママが先なんですね。

子育て中は、笑ったり、怒ったり、イライラしたりと、たくさんの感情が刺激される毎日。そこではいろいろな悩みを抱えることもあるでしょう。でも、**そんな子育て中の今だからこそ、子どものころのあなたを癒やし、生き直しができる**のです。

だから、イライラやモヤモヤを感じたときは、「チャーンス！」と思って、本書のように自分の心と向き合ってみてください。

「子どもをもっと可愛がってあげたい！」

「自分が苦しいのをどうにかしたい！」

という思いでこの本を手に取ってくれたあなたは、子どもへの愛情も自分への愛情もちゃんとあることに、気づいたかもしれませんね。

そして、たくさんのイライラやモヤモヤ、悲しい、寂しい、怖い……そんな色とりどりの感情を持っているあなたがママだからこそ、お子さんの細かな悲しみや寂しさにすぐに気づいてあげられるのです。

あなたがダメなママだからこそ、あなたのお子さんの気持ちに気づいてわかってあげられるのです。あなたのお子さんはあなたがママだから大丈夫なのです。

そうです。気づいたときからあなたはもうすでに、変わり始めているのです！

「こんな私でごめんね」とすぐに思ってしまう子どものころからの〝心の癖〟――それに気づけたら、あなたはもう「私はどうしていきたいのか？」を選べるのです。そのためにも、本書でおススメしている心の癖や習慣を変えていく方法をぜひ実践してみてください。

そうすれば、あなたは絶対に〝こんなママでごめんね癖〟を手放していけます。癖は繰り返しの習慣からつくられます。心の癖を変えるには、繰り返し反復すること！　そして、一人で習慣を変えていくのが大変なときは、一人でもいいから仲間をつくってみてください。

あなたのことをあなた以上に信じてくれる人は誰ですか？　誰にあなたのことを一番知っていて欲しいですか？　今、思い浮かんだその人に、この本を勇気を出して手渡してみませんか？　この本にはきっと、たくさんの本当のあなたが載っているのではないでしょうか。

あなたが大切に思うあの人は、あなたのこともあなた同様、知りたがっています。

さあ、早速本を閉じたら、本当の自分をさらけ出す練習をしてみてください！

「こんな自分でごめんね」から「こんな私が最高！」のママへと進級できますよ！

福田　とも花

福田とも花
「子どもを叩いてしまうママが、心から抱きしめられるママになる!」子育て専門カウンセラー
株式会社ビッグスマイルマザージャパン代表取締役
心屋上級認定講師
元精神科・小児科看護師。
前職の精神科小児科の看護師時代から、カウンセラーとなった現在まで10年間、多くのママ達からお悩みを聴いてきた。
現在は、東京・大阪・名古屋を中心に、全国で子育てセミナーや子育てママカウンセラー養成講座を開講。
「ママがわが子の一番の味方になろう!」を合言葉に「一家に一人!ママが我が子のカウンセラープロジェクト」を全国に広げる活動始動!
ママ自身だけでなく、子どもや旦那さんなど大切な身近な人の悩み相談や、心の痛みも癒やせるママカウンセラーを養成。
セルフカウンセリングも学べる「7日間でイライラ子育て解消! mama マスター講座」は、3ヶ月前から満席となり、海外や北海道、沖縄まで飛行機や新幹線に乗って通うママも続出する程の人気講座。述べ200人を超えるママが受講。
「言うことを聞かない子どもが一瞬で笑顔になる!5日間メール講座」は4000人を超えるママに好評。
「たった5日間でイライラしにくくなった!」「子どもを心から可愛いと思える様になった!」「子どもと笑い合う時間が増えた!」と嬉しい変化のお声が続々と届いている。

「こんなママでごめんね」から卒業する本

2019年4月20日　第1版　第1刷発行

著　者　　福田とも花
発行所　　WAVE出版
〒102-0074　東京都千代田区九段南3-9-12
TEL 03-3261-3713　FAX 03-3261-3823
振替 00100-7-366376
E-mail: info@wave-publishers.co.jp
http://www.wave-publishers.co.jp
印刷・製本　萩原印刷

NDC159　239p　19cm　ISBN978-4-86621-209-8